Mut zum Leben machen

Selbstwertgefühl und Persönlichkeit von Kindern und Jugendlichen stärken

von

Boglarka Hadinger

Institut für Logotherapie
und Existenzanalyse GmbH
Verlag Lebenskunst
Tübingen

Wolfram Kurz (Hrsg.)
Schriftenreihe des Instituts für
Logotherapie und Existenzanalyse GmbH
Tübingen/Wien Bd. 2

Boglarka Hadinger:
Mut zum Leben machen. Selbstwertgefühl und
Persönlichkeit von Kindern und Jugendlichen stärken.

Illustriert von der Autorin.
Photographie: Markus Schöbi, Farbtöpfe.

ISBN 3-9803664-5-6

Institut für Logotherapie und Existenzanalyse GmbH
Verlag Lebenskunst, Tübingen

Für meine Kinder Oliver und Jennifer,
die, meinen Erziehungsfehlern trotzend,
dennoch zu Persönlichkeiten wurden

Inhalt

Vorwort

Als ich vor einiger Zeit ersucht wurde, einen Vortrag mit dem Titel „Kindern Mut machen, ihr Selbstwertgefühl stärken" zu halten, bezog ich mich auf meine Erfahrungen aus zwanzig Jahren Psychotherapie, auf meine eigenen Erfahrungen als Mutter zweier Kinder und auf die Ergebnisse zahlreicher Fachstudien.* Darüber hinaus auch auf die Ideen zahlreicher Fachkollegen und auf Gespräche mit Freunden und Lehrern. Mit Überraschung stellte ich jedoch fest, daß die Inhalte der Gespräche sehr ähnlich gelagert waren: Fast alle Befragten dachten darüber nach, was man tun könne, damit sich unsere Kinder und Jugendlichen wohler fühlten, damit sie mehr Freude am Leben empfänden, damit sie sich mehr geliebt fühlten. Die meisten dachten über die Frage nach: Was müssen unsere Kinder bekommen, damit ihr Wohlbefinden steigt, damit sie glücklicher sind?

Zu keiner Zeit hatte man diese Frage so häufig gestellt wie in den letzten dreißig Jahren. Noch nie gab es so viele Erziehungsratgeber wie heute. Noch nie gab es so viele gutgewillte Eltern und Lehrer, die versuchen, die guten Ratschläge zu befolgen. Und zu keiner Zeit waren Kinder so aggressiv und so depressiv wie heute.

---

* Wissenschaftliche Grundlage sind empirische Studien, die u.a. in Grawe, K., „Psychologische Therapie" (1) und Schenk-Danzinger, L., „Entwicklungspsychologie" (2) veröffentlicht wurden, und retrospektive Interviews mit mehreren hundert Erwachsenen in Bezug auf die Frage, was in ihrer Jugendzeit wichtig und sinnvoll war.

Das liegt nicht nur an Zeitgeistproblemen, z.B. an den destruktiven Medien oder an dem Zeitmangel der Eltern. *Das liegt auch an der fehlerhaften Fragestellung:* Was müssen unsere Kinder bekommen, damit ihr Wohlbefinden steigt, damit sie sich glücklich fühlen? Warum ist diese Fragestellung falsch?

– Erstens, weil es nicht möglich ist, sich permanent wohl zu fühlen. Weder körperlich noch seelisch. Das Wohlbefinden, das Gefühl des Glücks, ist immer Schwankungen unterworfen. Das Leben bringt einmal Glück, ein andermal Unglück. Wir fühlen uns einmal wohl, einmal unwohl. Wir gewinnen manchmal und wir scheitern gelegentlich. Natürlich können wir einiges für unser Wohlbefinden tun. *Aber der Traum von einer Gesellschaft, in der man sich permanent wohlfühlt, ist ein trügerischer Traum.* Deshalb sollte die erste Frage vielmehr lauten: Was können wir tun, damit unsere Kinder Glück erleben *und* sie mit Unglück, Unwohlsein, Mißerfolg optimal umzugehen lernen? Wie können Kinder es lernen, frustrierenden Lebenssituationen besser standzuhalten? Die Antworten auf diese Fragen senken Aggressionen, Depressionen und Suchttendenzen. Auf den nächsten Seiten werden Sie Anregungen zu dieser Frage finden.
– Zweitens ist die Frage Was müssen unsere Kinder *bekommen,* damit sie sich glücklich fühlen? fehlerhaft, weil wir, so fragend, unsere Kinder und Jugendlichen unterschätzen. Trauen wir unseren Kindern, unseren Jugendlichen wirklich so wenig zu? Liebe zu bekommen, Lebenschancen zu bekommen ist wichtig. Eine gute Förderung zu bekommen ist wichtig. Dennoch:

Auf der Basis des einseitigen Nehmens werden kein Kind und auch kein Erwachsener langfristig glücklich. Ständiges Wohlversorgtsein löst in Kindern wie in Erwachsenen das Gefühl der Langeweile und des Überdrusses aus. Mehr noch: Ständiges Wohlversorgtsein verunmöglicht, daß junge Menschen sich zu besonderen Charakteren entwickeln. Warum? Weil Menschen immer auch etwas zu *geben* haben. Auch unsere Kinder. Und man wird erst dann zu einem reifen Menschen, zu einem kompetenten Menschen, ja zu einem faszinierenden Menschen, wenn man beginnt, auch zu *geben.* Der Wiener Psychiater Viktor Frankl sagt sinngemäß: Menschsein bedeutet, daß wir uns für etwas einsetzen in dieser Welt. Was bedeutet das? Das bedeutet, daß wir auch folgende Fragen stellen sollten: Was wollen wir unseren Kindern, unseren Jugendlichen abverlangen? Was haben sie auf der Grundlage ihrer besonderen Fähigkeiten, Begabungen und Talenten zu *geben?* Mit welchen Begabungen, mit welchen Talenten können sie sich für andere einsetzen? Wie können sie sich für diese Welt einsetzen? Geben und Nehmen gehören zusammen. In der Eltern- und Großelterngeneration wurde die Haltung des Gebens überbetont. Aus Protest gegen diese Einseitigkeit lassen wir nun unsere Kinder über das Nehmen nachdenken. Auf diese Weise verhindern wir, daß sich unsere Kinder zu Persönlichkeiten entwickeln.

Ich möchte allen Lesern Mut machen, junge Menschen zu beschenken, sie aber auch herauszufordern und ihnen auch etwas abzuverlangen. Ihnen Verantwortung zu übergeben. Daß dies nicht immer konfliktfrei vonstatten geht, weiß ich sehr genau. Von Zeit zu Zeit werden wir als Mütter oder als Väter vor der Frage stehen, ob wir den angenehmeren (weil konfliktfreien) Erziehungsweg wählen oder den sinnvolleren, aber konfliktbeladenen. Denn leider ist das Sinnvolle und Richtige nicht *immer* das Angenehme. Und es ist nur zu hoffen, daß wir Kraft genug finden, uns als Mütter oder Väter für das Sinnvolle zu entscheiden, auch dann, wenn dadurch manchmal Konflikte zwischen uns und unseren Kindern entstehen. Wozu soll das gut sein? Für unsere Kinder. Damit das Beste in diesen Kindern sichtbar werden kann. Denn faszinierende Menschen sind nicht dadurch faszinierend geworden, daß sie immerzu beschenkt wurden, sondern durch ihre eigenen Taten, durch ihre eigenen Haltungen, dadurch, wie sie schwierige Lebensumstände meisterten. Dadurch, wie sie selbst ihr Leben und ihr Schicksal in die Hände nahmen. Faszinierende Menschen wollen nicht nur nehmen, sie können auch geben. Und sie können frustrierenden Lebenssituationen in Würde standhalten, ja an ihnen sogar wachsen. Das können wir doch unseren Kindern verraten. Oder etwa nicht?

Boglarka Hadinger

Liebe Eltern, liebe Erzieher,

wer von uns hätte nicht gerne Kinder, die mutig schwierige Lebenssituationen meistern? Wer von uns hätte nicht gerne Kinder, die über ein gesundes Selbstwertgefühl verfügen, Jugendliche, die zu Persönlichkeiten werden? Jugendliche, die sich, die Welt und andere Menschen als wertvoll erleben?

Kinder, die mutig sind, die sich und ihr Handeln als wertvoll erleben, bereichern nicht nur jede Familie, sie bereichern auch jede Gesellschaft. Natürlich wollen wir solche Kinder und solche Jugendliche.

Doch nun ergibt sich die Frage: Können wir als Erzieher das Selbstwertgefühl eines Kindes positiv beeinflussen? Bekanntlich kann man Gefühle weder von „innen", d.h. durch den Betroffenen selbst, noch von „außen", d.h. durch andere Menschen, in beliebiger Weise verändern. Wenn die Beeinflussung so einfach wäre, dann hätten wohl die meisten Menschen ein anderes Selbstwertgefühl, als sie es in der Tat haben. Viktor Frankl bringt diesen Sachverhalt in einem kurzen Satz auf den Punkt: Gefühle kann man nicht nach Belieben manipulieren, ihre Veränderung braucht einen *Grund*. (3)

Deshalb möchte ich in den nun folgenden Ausführungen die fünf wichtigsten *Gründe* („Stützpfeiler") eines gesunden Selbstwertgefühls darstellen:

1. **Positive Beziehungen**
2. **Kompetenz**
3. **Orientierung (Ziele und Werte)**
4. **Ein guter Mensch zu sein**
5. **Lebensfreude und Lebenslust**

Die 5 Stützpfeiler des gesunden Selbstwertgefühls

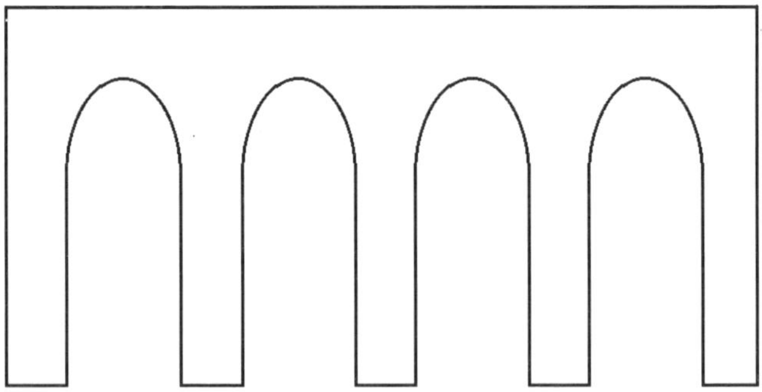

Erfahrungen in diesen fünf Bereichen ermöglichen, daß ein Kind ebenso wie ein Erwachsener Grund für ein gesundes Selbstwertgefühl entwickeln kann. Mehr noch: Die diesbezüglichen Erfahrungen ermöglichen auch, daß ein Mensch das Gefühl, daß sein Leben sinnvoll ist, entwikkeln kann.

Auf den nun folgenden Seiten werden Ideen aufgezeigt, wie Sie als Mutter, Vater oder Lehrer Kindern positive Erfahrungen in diesen fünf Bereichen ermöglichen können. Richtig übersetzt sind diese Ideen natürlich auch für Ihre Partnerschaft oder für Sie persönlich wertvoll. Greifen Sie jene Ideen als Anregung heraus, die zu Ihnen und Ihrer Lebenssituation passen.

Darüber hinaus bitte ich Sie zu beachten, daß das Selbstwertgefühl auch bei einem seelisch gesunden Menschen nichts Statisches ist. Je nach Lebenslage und Lebenssituation kann es natürlichen Schwankungen unterworfen sein.

1 Erster Stützpfeiler

Positive Beziehungen

Die Erfahrung, daß man von anderen Menschen gemocht und geschätzt wird, daß man sich in einer positiven Beziehung aufgehoben fühlt, gehört zu den wichtigsten Erfahrungen eines Kindes. In den ersten Lebensjahren ist die Zuneigung der Eltern grundlegend. Doch spätestens vom Volksschulalter an wird die Beziehung zu anderen Menschen ebenfalls bedeutsam: zu gleichaltrigen Kindern, Lehrern, Verwandten usf.

Wie können Sie als Eltern die Erfahrung von positiven Beziehungen fördern?

1.1. Die Kommunikationsfähigkeit der Kinder steigern

Kinder, die über eine positive Kommunikationsfähigkeit verfügen, die sich für andere interessie-

ren, wirken sympathisch, liebens-würdig. Mit einem Satz: *Durch positive Kommunikation entstehen positive Beziehungen.* Es ist oft erstaunlich, wie aggressive, isolierte Kinder plötzlich beziehungsfähig werden, wenn man mit ihnen mehr kommuniziert und wenn man sie zu mehr Kommunikation anleitet. Positive Kommunikationsfähigkeit hat darüber hinaus noch eine weitere, sehr wichtige Wirkung: Sie ermöglicht, daß das Gespräch zwischen Menschen interessanter, lebendiger, intensiver wird. In einem interessanten, lebendigen, intensiven Leben haben jedoch Drogen und sinnlose Ersatzvergnügungen keinen Platz. Man braucht sie nicht.
In dieser Hinsicht können Ihnen folgende Fragen helfen: In welchen Situationen ist Ihre Tochter, Ihr Sohn gesprächiger, redegewandter? In welchen Situationen erlebt Ihr Kind das Interesse anderer? In welchen Situationen interessiert es sich für andere Menschen? Versuchen Sie, Ihr Kind immer wieder in Situationen zu bringen, in denen es jemandem etwas *erzählen* kann. Ebenso wichtig ist es, daß es spannende Schilderungen anderer Menschen *hören* kann. Wichtig sind natürlich nicht nur Gespräche mit Erwachsenen, sondern auch Gespräche mit gleichaltrigen Kindern.

1.2. Die eigene Kommunikation überprüfen

Sprechen Sie vorrangig in Verbots- und Gebotsätzen, oder unterhalten Sie sich einfach mit Ihren Kindern? Sie können von Zeit zu Zeit kleine Geschichten aus Ihrer eigenen Kindheit erzählen. Oder berichten, was Sie am Tag erlebt haben. Sie können auch begründen, warum Sie das eine oder das andere tun. Sie können sich

auch für den Tag Ihrer Kinder interessieren und sie von ihren Freunden erzählen lassen. Wichtig ist, daß die Kommunikation zwischen Ihnen und den Kindern immer wieder die enge Erziehungsebene verläßt und zu einer *Unterhaltung* wird. Da Kinder ihre Weise der Kommunikation vorrangig durchs Nachahmen erlernen, ist es wichtig, daß Sie selbst Mut haben, sich auch in Gegenwart Ihrer Kinder mit anderen zu unterhalten. Und natürlich ist es auch nicht gleichgültig, wie Sie sich mit Ihrem Partner unterhalten.

Dazu eine wirkungsvolle Geschichte:

Der französische Außenminister Robert Schumann wurde einmal gefragt, warum er nicht geheiratet habe. Vor langer Zeit, antwortete er, als ich einmal in der U-Bahn fuhr, trat ich zufällig einer Dame auf den Fuß. Bevor ich mich noch entschuldigen konnte, kreischte sie los: Trottel, kannst du denn nicht aufpassen, wo du hintrampelst! Dann sah sie mich an, errötete und rief aus: Oh, entschuldigen Sie bitte, mein Herr, ich dachte, es wäre mein Mann!

1.3. Gemeinsame Projekte gestalten, die den Zusammenhalt der Kinder stärken

Gemeinsam etwas zu schaffen, gemeinsam an einem Projekt zu arbeiten, stärkt den Zusammen-

halt von Menschen. Denn Beziehungen wachsen nicht nur durch das Gespräch, sondern ganz besonders auch durch das gemeinsame Tun. Denken Sie nur daran, welche unzerreißbaren Bindungen in Notzeiten zwischen Kindern oder zwischen Erwachsenen schon immer entstanden sind! Haben Sie Ideen, welche Vorhaben Ihr Kind mit anderen Kindern verbinden könnte? Ist es das Bauen eines Baumhauses im Sommer, das Sammeln von bunten Blättern während der Herbstwanderung oder das Backen von Weihnachtskeksen im Winter? Sie können auch andere Kinder zum Basteln einladen. Oder Ihrer Tochter, Ihrem Sohn die Teilnahme in einer Jugendgruppe, die sinnvolle Projekte verfolgt, ermöglichen. Zum Beispiel in einer Pfadfindergruppe oder in einer Musikgruppe. *Kinder, die vor der Pubertät in konstruktive Gruppen integriert werden, entwickeln während der Pubertät nicht den Drang, sich der erstbesten Peergroup anzuschließen.* Gemeinsame Projekte fördern im übrigen nicht nur den Zusammenhalt von Kindern, sondern selbstverständlich auch den Zusammenhalt von Familien.

1.4. Möglichkeit zu persönlichen Gesprächen schaffen

Für Kinder und Erwachsene ist es gleichermaßen wichtig, daß man von Zeit zu Zeit etwas *über sich* mitteilen kann. Dafür braucht man Zeit und manchmal etwas Geschick. Es gibt Kinder, die „sprudeln“ bei jeder Gelegenheit los. Andere sind stiller. Wichtig ist, daß auch die Stilleren wahrgenommen werden. Manche Kinder – häufiger Mädchen – sind von Haus aus *„Beziehungstypen“*: Sie erzählen gerne und viel, vor allem dann, wenn man ihnen die Frage stellt: Wie geht es dir? Wie geht es dir mit Deiner Freundin? Oder: Wie fühlst Du Dich? Andere Kinder – häufiger Knaben – sind *„Handlungstypen“:* Sie antworten gerne und viel, vor allem dann, wenn man ihnen die Frage stellt, was sie geschafft, gebaut und getan haben, oder was sie vorhaben zu tun. Sie reagieren jedoch auf gefühlsorientierte Fragen wortkarg. Diese Kinder werden auch gesprächiger während einer gemeinsamen *Handlung,* z.B. beim Reparieren des Fahrrades oder beim Streichen des Gartenzaunes. Es gibt auch Kinder und Erwachsene, die zu den *„Denktypen“* gehören: Sie erzählen gerne über ihre Pläne, Phantasien und Ideen. Fragt man sie um ihre Meinung oder bittet man sie um einen Kommentar, so werden sie lebendig und mitteilsam. Oft lieben sie es, Phantasiegeschichten zu erzählen oder mit jemandem über „Gott und die Welt“

zu philosophieren. Sie werden aber bei noch so gut gemeinten Gefühls- und Handlungsfragen wortkarg.

Fragen Sie sich: Über welchen vorrangigen „Kommunikationskanal“ (4) verfügt *Ihr* Kind? Sie werden staunen, wie pubertierende Knaben unterhaltsam werden, wenn sie über die Funktion eines Computerspiels erzählen! Und es ist überraschend, wie redegewandt ein 14jähriges Mädchen wird, wenn Sie bei einem Stadtbummel ihre Meinung zu den Kleidern in den Auslagen erfahren wollen! Nicht selten werden schweigsame Kinder zu guten Erzählern, wenn man mit ihnen gemeinsam etwas unternimmt, z.B. ein altes Motorrad bunt streicht oder einen Kuchen backt.

1.5. Das Kind in seiner Einzigartigkeit wahrnehmen

Indem Sie die Einzigartigkeit Ihres Kindes wahrnehmen, erlebt sich das Kind als individuelles Wesen. Gleichzeitig erleben Sie als Mutter oder Vater trotz eventueller Frustrationen, Ärger und Sorgen das Gefühl des Stolzes. Sie können Ihre Wahrnehmung trainieren: Überlegen Sie sich, wie Sie einem Fremden, der Ihr Kind nicht kennt, das Temperament, die Begabungen, die Interessen, die Schwächen und Stärken Ihres Kindes beschreiben würden. Versuchen Sie, so konkret es geht, eine Antwort auf diese Fragen zu finden. Benennen Sie, ohne überschwenglich zu sein, die besonderen Seiten Ihres Kindes im Gespräch mit anderen Menschen. Gerade auch dann, wenn Ihr Sohn oder Ihre Tochter es hören können!

1.6. Verständnis für Fehler anderer wecken

Verständnis für Fehler anderer zu empfinden, weckt das Gefühl der Toleranz. Und Toleranz ist die wichtigste Grundlage für die menschliche Beziehungsfähigkeit.

Lassen Sie es ruhig zu, daß Ihr Kind über andere Menschen oder frustrierende Situationen schimpft, weint oder klagt. Würgen Sie das Klagen nicht ab. Beginnen Sie nach einer Weile mit folgendem Spiel: Fragen Sie nach den *Motiven* des anderen. Zum Beispiel so: Was glaubst du, *warum* hat er/sie das getan? Oder: Was glaubst du, *warum* ist die Situation so geworden?

Sie können auch selber mitraten! Wichtig, daß Sie bei diesem Spiel nicht die Bewertung Ihres Kindes herabsetzen, sondern miteinander das Nachdenken über Beweggründe erlernen.

1.7. Die Folgen eines Fehlverhaltens konstruktiv gestalten lernen

Wir alle machen Fehler, beleidigen andere und sind gelegentlich rücksichtslos. Diese Vorfälle sollten jedoch nicht zu Beziehungsstörungen

führen. Oft hilft ein klärendes Gespräch über die Motive der Kränkung, und zwei Menschen fühlen sich näher als je zuvor. Das eigentlich Destruktive liegt in der Folgeentwicklung einer Kränkung. Diese nimmt dadurch ihren Lauf, daß einer der Betroffenen nicht zu seinen Fehlern stehen kann und zu leugnen, zu lügen oder aus Selbstverteidigung anzugreifen beginnt. Der andere will natürlich sein Recht oder gar Rache. Im Nu ist man inmitten eines Hochschaukelungsprozesses.
Sie können die Beziehungsfähigkeit Ihres Kindes stärken, indem Sie es anleiten, die Folgen eines Fehlverhaltens konstruktiv zu gestalten. Dazu gehört die Entschuldigung und eine altersgerechte Form der Wiedergutmachung. Wie zum Beispiel im Falle jenes Jungen, der für einen Diebstahl nicht hart bestraft wurde, sondern in Begleitung seines Vaters die gestohlene CD und eine schöne Zeichnung mit den Sätzen der Entschuldigung dem Filialleiter überreichen konnte. Oder im Falle jenes Mädchens, das von den Eltern angeleitet wurde, sich bei der alten Frau, die es beleidigt hatte, mit einer Blume und dem Satz „Es tut mir leid“ zu entschuldigen.

1.8. Spaß am Kind haben

Wann hatten Sie das letzte Mal Spaß an Ihrem Kind? Wann fanden Sie Ihre Tochter, Ihren Sohn amüsant? Es ist ja höchst komisch, wie schnell Krokodilstränen für ein Eis produziert werden können, wie lange ein kleiner Junge seine Muffigkeit durchhält und ein Teenager an seinem Gesicht herumdrücken kann. Der berühmte Glanz in den Augen der Eltern bringt zum Ausdruck, daß sie einfach Spaß am Kind haben.

Wollen Sie nicht Ihre Erziehungssorgen gelegentlich beiseite lassen und sich über die zeitweise so belustigenden Seiten Ihres Kindes amüsieren?

2 Zweiter Stützpfeiler

Kompetenz

Die Erfahrung von Kompetenz, die innere Überzeugung: Ich kann etwas, ist der zweite Stützpfeiler des gesunden Selbstwertgefühls.

Durch die Erfahrung von Eigenkompetenz entsteht in einem jungen Menschen das Gefühl, in dieser Welt wichtig, ja not-wendig zu sein. Manche Kinder werden von ihren Eltern überschwenglich geliebt. In den ersten Lebensjahren ist diese Liebe sicherlich die Grundlage für ein gesundes Selbstwertgefühl. Doch mit zunehmendem Lebensalter wird die Bedeutung des Könnens immer wichtiger. Einem Jugendlichen und auch einem Erwachsenen genügt es nicht, lediglich geliebt zu werden. Er entwickelt erst Lebensmut, wenn er die Erfahrung macht, daß er etwas kann.

Das überhöhte Bedürfnis nach Liebe und Bewunderung anderer ist sehr häufig ein Zeichen dafür, daß man im Bereich der Kompetenz zu wenig positive Erfahrung gemacht hat.

Wie können Sie als Eltern die Eigenkompetenz ihrer Kinder stärken?

2.1. Zur Leistung ermutigen: Kinder in einen Lebensbereich „locken", in dem sie erfahren, daß sie etwas können

Nicht alle Kinder sind gute Schüler, aber alle Schüler können etwas gut. Manche sind wirklich lernbegabt. Andere sind gute Sportler, gehen gerne einkaufen, singen wunderschön oder sind fürsorglich. Es gibt auch Kinder, die in praktischen Dingen ungeschickt sind, aber sehr gerne und gut mit anderen diskutieren und es mögen, über die Lösung kniffliger Probleme nachzudenken. Versuchen Sie herauszufinden, in welchem Bereich Ihr Kind ein „Fachmann" ist. In diese Lebensbereiche sollten Sie Ihr Kind hineinführen und es zur Leistung ermutigen. Nur auf diese Weise kann es die besondere Erfahrung machen, etwas zu können.

An dieser Stelle möchte ich Sie auf eine „Erziehungsfalle" aufmerksam machen: Unter Umständen haben Sie in Ihrer Jugendzeit viel zu häufig die Situation der Überforderung erlebt. Und weil Sie Ihre Kinder lieben, wollen Sie ihnen die diesbezügliche Frustration ersparen. Aus diesem Grunde geben Sie vielleicht einen Wunsch an Ihre Tochter oder ein Vorhaben mit Ihrem Sohn sehr bald auf, nur weil diese Kinder auf gekonnte Weise signalisieren, alles sei so fürchterlich anstrengend. Wir wissen jedoch, daß sich der euphorisierende Zustand des „Flow-

Erlebnisses“ nur dann einstellen kann, wenn ein Mensch sich herausgefordert fühlt, wenn er sich anstrengt. Wenn er die Erfahrung macht, etwas bewältigen zu können. (5) Einfach gesagt: *Erst durch eine kräftige Anstrengung wird ein Erfolg bedeutsam.*

Nun stehen Sie wahrscheinlich vor einem Dilemma: Sie wissen einerseits, daß erfolglose Anstrengung entmutigend wirken kann. Aber Sie wissen andererseits, daß Anstrengung notwendig ist, damit man die besondere Erfahrung des Könnens und des Gelingens machen kann. Gibt es einen Ausweg aus diesem Dilemma? Ja, es gibt ihn. Indem Sie Ihr Kind genau wahrnehmen, sich eventuell mit dem Lehrer, der das Kind gut kennt, verständigen, werden Sie die Kunst, es herauszufordern, aber nicht zu überfordern, bald erlernen. Sie werden bald einen – natürlich nicht immer unfehlbaren – Blick dafür entwickeln, in welchen Lebensbereichen Ihr Kind der Herausforderung gewachsen ist. Sie können Ihrem Kind auch sagen, daß Sie ihm, gerade weil es in diesem Bereich besonders begabt ist, etwas zumuten.

Nicht wenige Teenager werden von der Mitte ihrer Wachstumsphase an träge und initiativlos. Besonders großgewachsene Teenager verlangsamen sich in ihrem Lebenstempo in auffälliger Weise. Sie scheinen im Zeitlupentempo zu gehen, zu sprechen und – leider auch – zu denken. Dieses Phänomen hat zunächst biologische Ursachen: Die Bewegungskoordination, die im Gehirn lokalisiert ist, braucht erst Erfahrungswerte, bis sie sich auf die veränderte Körpergröße und auf das veränderte Körpergewicht einstellen kann. (Manchmal sind es über 10 cm Wachstum und über 10 kg Gewichtzunahme pro Jahr!) Das Gehirn, das auf die Koordination eines leichteren und kleineren Körpers eingestellt ist, reagiert auf die rasante Veränderung schwerfällig. Unter diesen Gegebenheiten wird es in der Tat anstrengend, die neue, schwere und große Körpermasse in Bewegung zu setzen (d.h. zu gehen) oder gar einfach nur aufzustehen. Nicht wenige großgewachsene Eltern erinnern sich an diese in wortwörtlichem Sinne „schwere" Zeit ihres Lebens.

Junge Menschen reagieren – sofern sie es sich leisten können – auf diese Veränderung ganz natürlich: sie versuchen jede Anstrengung zu vermeiden. Das „Anstrengungsvermeidungsverhalten" hat jedoch einen Bumerangeffekt: Je weniger Erfahrung das Gehirn mit der Koordination der veränderten Körpermasse machen kann, desto schwerer wird es sich auf sie einstellen können! Die Folge ist eine biologische *und* psychologische Trägheit, die, sofern sie nicht überwunden wird, Jahre oder Jahrzehnte andauern und viele Lebensmöglichkeiten eines begabten jungen Menschen verstellen kann.

Die Erfahrung zeigt jedoch, daß Teenager, die regelmäßig Sport treiben, die zu Hause viel mithelfen müssen oder zumindest einen längeren Schulweg mit dem Fahrrad zu fahren haben, sehr schnell ihre unkomplizierte Körpersteuerung zurückgewinnen. Die raschere Steuerung des Körpers bewirkt die generelle Auflösung der Trägheit: Nun können sich Kinder nicht nur schneller bewegen, sie können wieder schneller denken! Das Gehirn ist ja bereit, sich an neuen Situationen anzupassen.

Erklären Sie Ihrem (trägen) Sohn oder ihrer (trägen) Tochter den Zusammenhang zwischen Körpersteuerung und Wachstum. Ermutigen Sie sodann Ihre Kinder, selbst etwas für das raschere Lernen des Gehirns zu tun: zum Beispiel, indem sie eine Sportart, in welcher rasche Bewegung, Koordination und Spaß vereint sind, ausüben. Zwei Basketball-, Handball- oder Volleyballstunden in der Woche bewirken schon nach wenigen Monaten, daß Teenager wieder einen Tag ohne das Gefühl der Trägheit erleben!

2.2. Was ein Kind kann, benennen

Kinder zur Aktivität zu ermutigen ist wichtig. Ebenso wichtig ist es, das Geleistete wahrzunehmen und zu benennen. Manche Eltern loben ihr Kind für die kleinsten Taten überschwenglich. Viel geschickter ist es, nicht die Person des Kindes völlig überzogen zu loben, sondern das, was es getan hat, auszusprechen und sich dafür zu interessieren.

Ein Beispiel: Das Kind fertigt eine schöne Zeichnung an. Eltern und Großeltern schwärmen nun: „Du bist großartig! Es ist unglaublich! Du bist eine echte Künstlerin! Ein echtes Wunderkind!" Viel besser für Ihr Kind ist es, wenn Sie weniger schwärmerisch, dafür aber etwas Konkretes sagen. Zum Beispiel: „Diese Bäume hier sehen interessant aus. Du hast auch sehr schöne Farben verwendet. Was bedeutet der Kreis hier? Wie ist das Wetter in Deinem Bild?" Sie können sich auch über die Figuren der Zeichnung unterhalten.

Wertschätzung können Sie nicht nur durch Lob vermitteln, sondern ebenso durch Ihr *Interesse* an dem, was Ihre Kinder wissen und können. Für Eltern und Kinder ist es viel erfreulicher, sich weniger intensiv um die Schulnoten zu kümmern, als vielmehr für Lerninhalte des jeweiligen Unterrichts zu interessieren. Sie werden staunen, wieviel Neues Ihre Kinder zu erzählen haben! Sie erfahren vielleicht, wie Staudämme gebaut werden, warum ein Kaktus so wenig Wasser braucht und weshalb Könige früher Hermelinmäntel trugen. Indem Sie sich für das, was Ihr Kind weiß, interessieren, werten Sie das Wissen Ihrer Kinder auf. Gleichzeitig zeigen Sie, daß Wissen und Bildung an sich wertvolle Güter sind.

Einige weitere Anregungen: Sprechen Sie die Anerkennung unmittelbar nach der erbrachten Leistung aus. Bringen Sie Ihr Kind in eine Situation, in der es das Geleistete selber präsentieren kann. Sie ermöglichen dadurch, daß Ihr Kind stolz auf seine Leistungen wird.

Und noch ein wichtiger Hinweis für Ihre Kommunikation: Empirische Studien zeigen, daß Mädchen viel schneller positive Rückmeldungen vergessen als Jungen. Sie sollten deshalb Ihrer Tochter häufiger eine positive Rückmeldung geben als Ihrem Sohn.

2.3. Den Arbeitscharakter des Kindes erkennen

Im Management unterscheiden wir 4 Arbeitscharaktere: a. den Denker b. den Macher c. den Sozialen d. den Darsteller. (Sie erinnern sich noch an die „Kommunikationskanäle“ von Kap. 1.4?)

Der Denker arbeitet tiefgründig und präzise. Er erledigt seine Aufgaben sorgfältig und denkt gerne über Probleme nach, gerade wenn diese theoretischer Natur sind. Für seine optimale Leistungsfähigkeit muß er die Möglichkeit haben, sich zurückzuziehen. Er braucht einen stillen Raum, Ruhe und Zeit. Er verliert seine Arbeitsfreude und seine Leistungsfähigkeit, wenn er – als Erwachsener – z.B. in einem Großraumbüro unter anderen Menschen arbeiten muß oder wenn er unter Druck gesetzt wird.

Der Macher ist der Praktiker des Lebens. Immer wenn es um praktische Dinge, um konkretes

Handeln geht, lebt er auf, bewältigt Aufgaben souverän, setzt sich Ziele und geht diese energisch an. Er verliert jedoch seine Leistungsfähigkeit, wenn man ihn mit theoretischen Denkarbeiten beauftragt oder von ihm tiefgründiges Wissen in einem lebensfremden Spezialgebiet fordert.

Der Soziale engagiert sich gerne für seine Mitmenschen und für das Gute in dieser Welt. Er ist ein ausgesprochener Teamarbeiter, ist gerne mit anderen Menschen zusammen und ist am Wohlergehen anderer interessiert. Er leistet viel Gutes, wenn er *mit* anderen an Projekten *für* andere, für die Verbesserung von Verhältnissen arbeiten kann. Er verliert jedoch seine Motivation sehr schnell, wenn die Arbeitsaufträge nichts mit dem Wohlergehen anderer Menschen zu tun haben oder wenn er keine Mitstreiter hat.

Der Darsteller möchte sich nicht mit einem Team identifizieren müssen, und er besitzt auch zahlreiche Lebenstechniken, die es ihm ermöglichen aufzufallen. Er ist bereit, Besonderes zu leisten, wenn diese Leistung mit besonderer Aufmerksamkeit anderer oder mit einem besonderen „Glanz“ in der Öffentlichkeit verbunden ist. Der Darsteller verliert jedoch schnell seine

Leistungsmotivation, wenn ihm seine Anstrengungen nicht die erwünschte Aufmerksamkeit verschaffen oder wenn er von anderen lediglich als nebengeordneter Teamspieler wahrgenommen wird.

Unsere Erfahrung zeigt, daß jeder Mensch einen besonders ausgeprägten „Erstcharakter" und einen etwas weniger dominierenden „Zweitcharakter" hat. Im erwachsenen Alter geht es natürlich darum, im Rahmen der Selbsterziehung die Schwächen des jeweiligen Arbeitscharakters zu beheben und ein Mindestmaß an Stärke auch in anderen Bereichen zu entwickeln. Doch was bedeuten diese Erkenntnisse für die Erziehung von jungen Menschen?

Es ist außerordentlich wichtig zu erkennen, daß viele Kinder in einer für sie falschen Lernumgebung aufwachsen. Daß Leistungsprobleme häufig nicht durch Minderbegabung, viel eher dadurch entstehen, daß sich ein durchaus begabtes Kind in der falschen Schule befindet. Die bei uns üblichen Schulen eignen sich hervorragend für den Arbeitscharakter „Denker–Darsteller": In diesen Schulen sollen junge Leute möglichst schnell und genau einen im Augenblick für ihr Leben irrelevanten Lernstoff erlernen, überdenken und die Lernergebnisse dann möglichst glänzend in der Klasse darstellen. Das Problem ist jedoch, daß die Kombination Denker/Darsteller am seltensten ist. Deshalb ist es wichtig, daß Eltern den Arbeitscharakter ihrer Kinder erkennen und sie für diese die richtige Lernumgebung schaffen.

Der Denker besteht die Schule am besten von allen. Er sollte ein eigenes, ruhiges Zimmer oder zumindest einen ruhigen Platz zum Arbeiten und für seine Rückzugsmöglichkeiten haben. Er ist kein „Typ" für feuchtfröhliche Gruppenurlaube oder für das Leben und Lernen in den Gemeinschaftsräumen eines Internats. Von Zeit zu Zeit braucht er einen Menschen, mit dem er über Gott und die Welt philosophieren kann und einen Spezialkurs, der sein Wissen in einem bestimmten Fachgebiet vertieft.

Der *Macher* wird sich in einer Schule, in der theoretisches Wissen verlangt wird, als Versager erleben. Er muß den Zusammenhang zwischen Leben und Lernstoff „Kopf und Hand" begreifen und spüren. Er muß tun dürfen, sehen dürfen, be-greifen dürfen. Dann kann er Hervorragendes leisten. Zu diesen Kindern paßt die Montessori-Schule ebenso gut wie eine Schule, in der viel Projektarbeit und praxisnahe Unterrichtseinheiten an der Tagesordnung sind. Macherkinder entwickeln eine unglaubliche Arbeitswut, wenn sie Urlaub auf dem Bauernhof machen und dort mitarbeiten können oder als kleine Kellner in einer Gaststätte aushelfen dürfen. Ein Schulbuch beeindruckt sie weniger: Sie können stundenlang vor ihm sitzen bleiben und vollkommen unbeeindruckt den gesamten Lernstoff an sich „vorüberziehen" lassen. Ein Trost für Eltern lernunwilliger Macherkinder: Während die Denker in der Schule meistens gut und erfolgreich sind, entfalten die meisten Macher ihre Fähigkeiten erst *nach* der Schulzeit. Es kann durchaus sein, daß eines Tages ein 40jähriger Denker auf einen ehemaligen, früher schlecht lernenden Klassenkollegen trifft, der das Unternehmen, das nun einen Spezialisten sucht, vor einigen Jahren erfolgreich gegründet hatte!

Der Soziale sollte nicht eine Schule mit ausgeprägter Konkurrenzorientierung und hohen Anforderungen im Bereich der Einzelarbeit besuchen. Optimal sind Sprachschulen, die viel Begegnungs-, Reise- und Kommunikationsmöglichkeiten bieten. Schulen, die soziale Projekte realisieren, über Praktikumsmöglichkeiten im In- und Ausland verfügen und die Kinder zu Teamarbeit anregen.

Der Darsteller wird die Teamarbeit einer Gruppe, sofern er keine Sonderaufgaben hat, stören oder blockieren. In Musik- oder Kunstschulen, in Schulen mit einer Theaterbühne wird er jedoch schnell Freude an der Anstrengung gewinnen. Ebenso in Schulen, die das individuelle Talent von Kindern ganz besonders fördern. Wenn er das Erlernte oder das Erreichte regelmäßig nach außen präsentieren kann, dann wird ihn seine Motiviertheit ungebrochen durch die Schulzeit führen.

Wie Sie sehen, liebe Eltern, können Kinder (und auch Erwachsene) in der falschen Lern- oder Arbeitsumgebung höchstens Mittelmäßiges leisten. Erkennen Sie jedoch den Arbeitscharakter Ihres Kindes, dann ist es lediglich eine Frage der Information und der Organisation, bis die richtige Umgebung für das entsprechende Kind gefunden wird. Aber vielleicht interessiert Sie auch die Frage, welchen vorrangigen Arbeitscharakter *Sie* selber haben?

2.4. Lösungsorientiertes Denken fördern

Erst, wenn ein Kind eigene Lösungen für seine Probleme findet, wird es das Gefühl der Eigenkompetenz entwickeln. Der Kommunikationsstil vieler Familien ist jedoch vorrangig problemorientiert. In diesen Familien wird meistens betont, was *nicht* geht und warum es nicht geht.

Ein Beispiel: Ein Kind möchte ein neues Fahrrad und hat sich bereits eines ausgesucht. Der Vater sagt: Dieses Fahrrad ist viel zu teuer und zu groß. Wir haben nicht so viel Geld. Wie stellst du dir das eigentlich vor? Ein anderer Vater sagt: Wir haben 250 Euro zur Verfügung. Suchen wir das beste dafür aus. Die Bemerkungen des ersten Vaters beschämen und engen ein. Die Bemerkungen des zweiten Vaters machen frei.

Überprüfen Sie Ihren eigenen Kommunikationsstil: Reden Sie vorrangig problemorientiert oder lösungsorientiert? Betonen Sie vorrangig, was *nicht* möglich ist, oder sagen Sie, was *möglich* ist? Eine Umstellung auf die lösungsorientierte Sprache wird von den Kindern erleichtert aufgenommen und nützt auch Ihrer Seele!

2.5. Probleme als Herausforderung ansehen

Ein berühmter Erfinder verriet, auf seine zahlreichen Erfindungen angesprochen, sein Erfolgsrezept: Ich liege abends im Bett und suche nach Dingen, die mich nerven oder belasten. Dann überlege ich mir genau, wie ich das Problem lösen könnte. Den ersten Schritt, Dinge zu finden, die uns nerven, schaffen wir alle leicht. Aber den zweiten? Und genau auf diesen zweiten Schritt kommt es an!

Das Erfinderspiel können Sie mit Ihrem Kind beim Einkaufen, beim Spazierengehen oder beim Kochen spielen: Benennen Sie miteinander Probleme in praktischen oder in sozialen Bereichen. Erfinden Sie nun miteinander kreative Lösungsmöglichkeiten für diese Probleme. Zum Beispiel: Es wäre doch so praktisch, wenn die schönen Autos nicht mehr kaputtgehen würden. Was könnten wir da erfinden? Oder: Die alten Frauen sollten ihre schweren Taschen nicht tragen müssen und die Enkelkinder den Geburtstag der Großmutter merken können. Wie machen wir es?

Dieses Spiel wirkt ansteckend auf Kinder und auf Erwachsene, weil es das *visionäre Denken* fördert. Was zählt, ist natürlich die Freude am Denken und nicht die völlige Umsetzbarkeit der Ideen!

Ein kleines Beispiel für das lösungsorientierte Denken: Der japanische Ingenieur Akio Morita machte gemeinsam mit seinen halbwüchsigen Kindern Urlaub am Meer. Sein Urlaub schien jedoch verdorben:

Der besonders lärmempfindliche Japaner fühlte sich von den zahlreichen Jugendlichen, die ihre großen, dröhnenden Kassettenrecorder auf den Schultern tragend den Strand entlang stolzierten, belästigt. Darüber hinaus taten ihm die kleineren Kinder, die ihre Geräte mühsam herumschleppten, auch leid. Warum müssen meine Kinder diesen schweren Ghettoblaster schleppen und mich mit ihrer Musik belästigen? fragte sich Morita. Nachts im Hotel überlegte er sich, wie man ein Tonbandgerät konstruieren könne, das klein und am Körper der Kinder tragbar ist und darüber hinaus die Musik nur für den Benutzer hörbar macht. Der Rest ist uns allen bekannt: In dieser durchwachten Nacht erfand Akio Morita den Walkman!

Und: Wußten Sie, daß die weltberühmten gelben Klebezettel der Firma 3M durch einen Produktionsfehler entstanden? Der Leiter der Chemieabteilung fragte jedoch nicht nach dem Schuldigen, sondern danach, was man mit einem Klebstoff, der eigentlich nicht richtig klebt, anfangen könne.

2.6. Verantwortung übergeben

Muten Sie Ihren Kindern ruhig etwas zu! Die Möglichkeit, Verantwortung zu übernehmen, fördert die Fähigkeit, Verantwortung zu tragen. Die Fähigkeit, Verantwortung zu tragen, macht einem selber Lebensmut und ist die Grundlage für ein sinnvoll gelebtes Leben. Ihre Kinder werden reifer und sie werden Spaß an der Mitgestaltung haben!

Sie können Ihren Kindern verantwortliche Aufgaben in folgenden Bereichen übergeben:

- im Beziehungsbereich (z.B. die Großmutter zum Lachen bringen; Tee für die kranke Schwester zubereiten; für ein Geburtstagskind ein Geschenk aussuchen; für Schwächere etwas tun).

– im Leistungsbereich (z.B. kleine Einkäufe erledigen; den Garten mitgestalten; den Keller mit aufräumen).
– im Denkbereich (z.B. Geburtstagsfeste planen; den Urlaub mitgestalten; einen Sparplan für den Fahrradkauf erstellen).

Sie können Ihren Kindern ein Urlaubsgeld geben, damit sie das Geld selber für Eis, Süßigkeiten oder Getränke einteilen. Und nicht wenige kleine „Sekretäre" oder „Sekretärinnen" entwikkeln erstaunliche Fähigkeiten, wenn man ihnen Büroarbeiten zutraut.

In welchem Bereich fällt es Ihnen leicht, Ihren Kindern Verantwortung zu übergeben? In welchem Bereich übernehmen Sie anstatt Ihrer Kinder Verantwortung? In welchem Bereich bräuchten Ihre Kinder mehr Herausforderung?

2.7. Kompetenz im Bereich der Lebensbewältigung fördern

Menschen leisten nicht nur dann etwas Besonderes, wenn sie ungewöhnlich denken oder etwas Besonderes schaffen, sondern auch dann, wenn sie sich angesichts einer schwierigen Situation in besonderer Weise verhalten. Anerkennen Sie die Leistung Ihres Kindes vor allem dann, wenn diese Leistung im Bereich der Lebensbewältigung erfolgt: *Das Bestehen einer schwierigen Lebenssituation, das Überwinden von Trägheit und Unlust, das Verzichten auf etwas, was man sofort haben „müßte" ist vor allem in den jungen Jahren eine besondere Leistung!* Erst durch die Einübung fällt es einem immer leichter.

Sie erinnern sich an den vorher beschriebenen Zusammenhang zwischen Körperwachstum und Trägheit. Der Zusammenhang ist zunächst biologischer Natur. Dennoch ist es wichtig, daß Kinder – und auch Erwachsene – Unlustgefühle überwinden lernen und sich von diesen nicht bestimmen lassen. „Man muß sich von sich selbst nicht alles gefallen lassen", so Viktor Frankl. Ein beiläufig ausgesprochenes anerkennendes oder ermutigendes Wort bleibt lange in der Erinnerung Ihrer Kinder!

Es ist auch nicht selbstverständlich, daß sich Kinder trotz einer schlechten Schulnote wieder an die Arbeit machen, trotz eines sportlichen Mißgeschicks weiterspielen, trotz eines Aufführungsfehlers weiterhin die Theatergruppe besuchen. Und dennoch: Frustrationserfahrungen gehören zum Leben. Mit ihnen umzugehen muß erst trainiert werden. *Manchmal ist es eine größere Leistung, mit Haltung zu verlieren, als der gefeierte Sieger zu sein!*

Benennen Sie den menschlichen Wert jener Haltung, den ein Kind verwirklicht, wenn es Mißerfolge bewältigt und sein Vorhaben nicht zu schnell aufgibt! Sie können es dabei auch kräftig unterstützen. Dadurch erleben sie miteinander, was es heißt, solidarisch zu sein. (Vielleicht kennen Sie den Spruch: Sieger fallen nicht seltener hin, sie stehen nur einmal mehr auf!)

Im übrigen: Kinder und Erwachsene entwikkeln sich immer weiter. Es ist gut möglich, daß Ihr Sohn / Ihre Tochter im Augenblick so manches, was andere können, noch nicht kann. Ermutigen Sie Ihr Kind, indem Sie ihm Hoffnung und Mut zu seinem nächsten Entwicklungssprung machen. Die Aussicht, daß der berühmte „Knopf des Denkens“ eines Tages aufgehen wird, hat schon vielen Kindern Mut in mutlosen Zeiten geschenkt!

An dieser Stelle sollten wir auf vier wichtige Erkenntnisse der Motivationstheorie hinweisen:

- *Lob wirkt stärker, wenn es vor anderen ausgesprochen wird, und Kritik sollte man ausnahmslos im Zweiergespräch äußern.*
- *Angst macht dumm. Durch Angst entsteht Überspannung im Gehirn. Diese Überspannung hemmt wichtige kognitive Funktionen: zum Beispiel die Kreativität oder das logische Denken. Viele Erwachsene kennen dieses Phänomen: Wenn man eine beängstigende Umgebung verläßt, oder wenn man mit der Angst besser umgehen kann, wird man plötzlich geistreich und kreativ.*
- *Beiläufige Aussagen wirken stärker als direkte. Ein negatives Beispiel: Der Englischlehrer sagt zu einer Schülerin: „Im Ausland wird dich keiner verstehen, aber schauen wir jetzt, ob dein Heft in Ordnung ist.“ Oder: „Deine Arbeit ist wie immer schlampig, aber ich möchte jetzt prüfen, ob du die Vokabeln gelernt hast!“ Beiläufig ausgesprochene Negativaussagen treffen wie Giftpfeile in die Seele eines Menschen, weil die kognitive Aufmerksamkeit auf den Hauptsatz gelenkt wird. Dadurch kann der erste Teil des Satzes ungehindert die Gefühlsebene des*

Betroffenen manipulieren. Nicht wenige Menschen erinnern sich jahrzehntelang an so manche beiläufig ausgesprochene Aussagen ihrer Erzieher!

Doch Beiläufigkeit kann auch ermutigend wirken. Ein positives Beispiel: „Eines Tages wirst gerade du etwas Besonderes leisten, aber nun sehen wir, was wir dafür tun können, damit du diese Klasse schaffst." Oder: „Wenn du es mal wirklich möchtest, wirst du deine Trägheit auch überwinden können, zeig mir aber jetzt deine Hausaufgaben!" Natürlich gilt für beiläufige Positivaussagen, was für alle Positivaussagen gilt: Sie sollten nicht zu überschwenglich ausgesprochen werden und echt sein!

- *Zu den wichtigsten Motivationsfaktoren gehört auch, daß wir den Sinnzusammenhang einer Leistung erkennen, d.h. daß wir verstehen, wozu wir etwas machen. Kinder und Erwachsene können begeistert Ungeahntes leisten, wenn sie auf diese Frage eine Antwort wissen. Deshalb die Anregung: Erzählen Sie von Zeit zu Zeit, warum Sie manche Dinge tun oder unterlassen (siehe auch Kap. 3.6.).*

3 Dritter Stützpfeiler

Orientierung (Ziele und Werte)

Ohne Ziele und ohne Werte irren wir im Leben gleichsam wie ein Schiff ohne Navigation umher. Kinder und Erwachsene brauchen Ziele und Werte in ihrem Leben. Sie geben Halt, Orientierung und Schutz. Und sie fordern uns heraus, aktiv zu werden. Zu manchen Zielen sagen wir: Sie sind unser Lebenssinn. Durch ihre Verwirklichung gewinnen wir Lebensmut und Lebenskraft. Diese Lebenskraft ist die Energie, die uns über manche Enttäuschung, über manche schwierige Lebenssituation hinweghilft.

Ebenso wichtig ist die Wertorientierung: Je jünger ein Mensch, um so eher braucht er Beziehungspersonen, die ihm in wohlwollender Art richtungsweisend sind. Die durch ihr eigenes Leben, durch ihre eigene Haltung und durch existentiell wichtige Gespräche zeigen, daß es sich lohnt, sich in dieser Welt einzusetzen. Werte, an die man sich hält, halten einen auch.

Wie können Eltern ihren Kindern die Möglichkeit zur Orientierung geben?

3.1. Miteinander über Ziele und Vorhaben sprechen

Erfülltes Leben wird in der Balance zwischen Aktivität und Passivität gelebt. Kinder und Erwachsene brauchen Ruhe, um in ihrer Mitte bleiben zu können. Sie brauchen aber auch Ziele, um sich in eine bestimmte Richtung bewegen zu können.

Kinder interessieren sich für die Pläne und Vorhaben ihrer Eltern. Sprechen Sie manchmal darüber? Wie planen Sie das nächste Geburtstagsfest? Was wollen Sie für das Abendessen einkaufen? Welche Veränderungen planen Sie in der Wohnung? Was wollen Sie am Sonntag miteinander unternehmen?

Sie können auch erzählen, worauf Sie gerade sparen. Aber Vorsicht: Erzählen Sie nur das, was Sie auch wirklich zu beabsichtigen tun, denn Kinder haben ein sehr gutes Gedächtnis!

3.2. Über Menschen reden, die es gewagt haben, etwas Ausgefallenes in ihrem Leben zu schaffen

Gibt es in Ihrer Familie jemanden, der mit wenig Geld eine eigene Firma gründete und damit Erfolg hatte? Gibt es in Ihrem Bekanntenkreis eine Frau oder einen Mann, der in schwierigen Verhältnissen aufwuchs und ein besonderer Mensch wurde?

Haben sie einen Kollegen, der sich trotz widriger Umstände für einen anderen Kollegen einsetzt? Kinder lieben Lebensgeschichten. Und sie identifizieren sich so gerne mit den guten Helden! Vielleicht erinnern Sie sich daran, wie oft Sie als Kind oder Jugendlicher an so manche Helden Ihrer Lieblingsgeschichten dachten. Ob reale Erzählungen oder Bücher über Harry Potter, Bill Gates: Wichtig ist, daß die Geschichten spannend sind und zeigen, daß Menschen mit guten Ideen und Zielbeharrlichkeit die Welt verändern können! Vielleicht fragen Sie die Großeltern, ob sie den Enkelkindern eigene Lebensgeschichten erzählen wollen.

3.3. Jugendziele nicht durch das Wertesystem eines Erwachsenen entwerten

Das Wertesystem eines Teenagers ist vom Wertesystem eines Erwachsenen oft weit entfernt. Verzweifeln Sie nicht, wenn Ihre pubertierende Tochter einfach nur hübsch, schlank und berühmt werden will. Und wenn Ihr 17jähriger Sohn sich nach einem schnellen Auto, einem Motorrad und einem Ferienhaus auf Ibiza sehnt. Sprechen Sie nicht über die wichtigen inneren Werte, wenn Ihre Tochter sich über ihre zu großen Füße ärgert. Hören Sie die Ziele und Werte Ihrer Kinder wohlwollend an. Fragen Sie nach, auf welchem Wege Ihre Kinder diese Ziele erreichen wollen. Oft ergibt sich schon durch diese Frage ein interessantes Gespräch zwischen den Generationen.

Leben Sie gleichzeitig Ihre eigenen Werte und zeigen Sie, daß es auch Spaß machen kann, nichtmaterielle Werte wie Liebe, Zivilcourage, Höflichkeit oder Gerechtigkeit anzustreben! Ihre Kinder nehmen Ihr Verhalten genau wahr, auch wenn Sie selbst nichts davon merken.

3.4 Miteinander das sinnvolle Verzichten lernen

Unsere Eltern mußten es übermäßig tun, unsere Kinder können es kaum mehr: gemeint ist das sinnvolle Verzichten. Doch kann Leben gelingen, wenn ein Kind von seinen Eltern wertvolle Spielsachen, gute Bildungsmöglichkeiten, spannende Freizeitanregungen bekommt, jedoch nicht die Möglichkeit, auf etwas verzichten zu müssen? *Die Fähigkeit, zugunsten eines höheren Wertes auf etwas zu verzichten, gehört zu jenen menschlichen Fähigkeiten, die ein gesund gelebtes Leben fördern.*

Diese Fähigkeit kann schrittweise erlernt werden. Sie können mit Ihren Kindern das sinnvolle Verzichten z.B. im materiellen Bereich üben: indem Sie miteinander zugunsten eines Fahrradkaufs auf ein Eis, auf einen Schwimmbadbesuch oder auf einen neuen Pullover bewußt verzichten. Ebenso im sozialen Bereich: z.B. indem Sie Ihr Kind anregen, zugunsten eines Geburtstagskindes auf die Aufmerksamkeit anderer zu verzichten. Kinder reagieren begeistert auf Schulprojekte, die den Erlös eines „Brot und Wassertages" für die Krankenbehandlung eines anderen Kindes verwenden. Wichtig ist, daß das Verzichten lernen in kleinen Schritten erfolgt, daß Kinder den Sinn des Verzichtens unmittelbar erfassen können (hier hilft das Wörtchen „weil"

sehr) und daß sie stolz auf ihre diesbezügliche Leistung sein dürfen.

3.5. Den Tag strukturieren und die Struktur durch Rituale festigen

Sie können den Alltag bereichern, indem Sie ihn klar strukturieren und Rituale, die Freude machen, in den Tag hineinbringen. Der morgendliche Gruß ist für Kinder genauso unentbehrlich wie ein Kuß, wenn sie aus der Schule kommen, oder wie die Geschichte am Abend oder das gemeinsame Frühstück am Sonntag. Fragen Sie ihre Freunde nach Alltagsritualen oder Feiertagsritualen und lassen Sie sich von guten Ideen anstecken. Sie können sich auch überlegen: Welche Alltagsrituale und welche Feiertagsrituale mochten Sie als Kind ganz besonders? Welche Rituale fanden Sie in den Familien Ihrer Freunde besonders schön?

Der Theologe Anselm Grün (6) stellte ein ganzes Buch mit originellen Ritualideen zusammen. Erfreuliche Rituale sind nicht nur für Kinder wichtig, sondern ebenso für die Paarbeziehung, für Freunde oder für Singles. Rituale bringen einen besonderen Glanz in unser Leben und wirken seelisch stabilisierend. Voraussetzung: Sie brauchen einen besonderen Ort und eine besondere Zeit und sollten Freude machen.

3.6. Spielregeln klar aussprechen

Sie haben das Recht, in Ihrer Familie klare Werte und Spielregeln zu vertreten. Diese geben Ihren Kindern die nötige Orientierung, vorausgesetzt, sie sind sinnvoll und werden nicht diktatorisch an den Kindern „vollstreckt". Haben Sie Mut, das, was für Sie wichtig und richtig ist, zu benennen und zu vertreten. Natürlich wird das nicht immer konfliktfrei geschehen, denn Kinder testen die Standfestigkeit ihrer Eltern immer wieder. Am schnellsten werden Eltern „weich", wenn Kinder ihnen verbal oder nonverbal signalisieren, wie entsetzlich sie unter den Regeln der Familie leiden. Stellen wir uns zum Beispiel eine ganz alltägliche Familie in einer ganz alltäglichen Situation vor: Einer der Familienwerte ist, daß jeder etwas für das Wohl der Kleingruppe beiträgt. Das bedeutet für den Vater z.B. die Arbeit im Büro und Garten, für die Mutter die Lehrtätigkeit in einer Schule und Hausarbeit. Für die Tochter ist es das Abräumen des Mittagsgeschirrs bzw. das Einkaufen am langen Nachmittag der Mutter. Natürlich sind die Verpflichtungen der Tochter wesentlich geringer als die Verpflichtungen der Eltern. Aber sie wäre kein Teenager unserer Zeit, wenn sie nicht versuchte, die lästigen Aufgaben dennoch loszuwerden. Wie macht man das am effektivsten? Ganz einfach: Man zeigt sein qualvolles Gesicht und läßt es nach unten hängen, während man das Brot, die Milch und die Tomaten auf den Tisch knallt. Oder man würdigt die Eltern stundenlang keines Blicks, nachdem man die Teller vom Tisch geräumt hat. Die Generation unserer Eltern wäre vollkommen unbeeindruckt von derlei Kundgebungen geblieben. Sie hätten ihre Kinder höchstens zu mehr Höflichkeit ermahnt. Nicht so wir, eine Generation besorgter, wohlwollender, einfühlsamer Erzieher: Wir überlegen uns, ob diese Tochter sich nun ungeliebt, unverstanden oder überfordert fühlt. Wir fragen uns, ob sie noch glücklich ist. Und wir fragen uns, ob sie uns noch mag. Wir versuchen, die Antwort aus ihrem Gesicht abzulesen. Und nun wird unsere schreckliche Ahnung zur Gewißheit: 1. Die Tochter leidet unter der Hausarbeit! 2. Sie liebt uns nicht mehr! Welch geringe Bedeutung hat ein nicht abgeräumter Tisch oder das nicht eingekaufte Brot im Vergleich zum Seelenleid unserer Tochter und ihr Liebesentzug uns gegenüber! Von nun an räumt die Mutter den Tisch wieder selber ab und holt wieder selber das Brot schnell in der kurzen Mittagspause. Ob das Gesicht der Tochter sich deshalb wieder aufhellt?

Im Blick auf diese Geschichte können wir feststellen, daß in der heutigen Zeit nicht nur Eltern ihre Kinder erziehen, sondern auch umgekehrt, daß nicht wenige Eltern auch ganz tüchtig von ihren eigenen Kindern erzogen werden. Was sind die beiden wirksamsten Erziehungsmittel der heutigen Kinder?

– die Leidensmiene
– der Liebesentzug.

Weil man das Kind ganz besonders liebt und weil sein ständiges Wohlbefinden für Eltern so wichtig ist, wird man durch diese zwei Signale schwach. Aus zahlreichen Gesprächen mit Jugendlichen und mit Eltern weiß ich, daß es *am schwierigsten ist, sinnvolle Regeln und Vereinbarun-*

gen auch dann aufrechtzuerhalten, wenn Kinder auf sie mit Leidensmiene oder mit Liebesentzug gegen ihre Eltern reagieren. An dieser Stelle scheitern oft die besten Grundsätze von Müttern und Vätern, und sie verlieren das Vertrauen in die eigene Fähigkeit, Kinder zu erziehen.

Es gibt einen einfachen Ausweg aus dieser Situation, und den finden wir, wenn wir erstklassige Pädagogen und von Natur aus talentierte Eltern beobachten: Diese treffen ihre Entscheidungen nicht aufgrund der verbalen und nonverbalen Rückmeldungen der Kinder, sondern aufgrund einer vorherigen Überlegung. Eine negative Reaktion des Kindes ist in diesem Fall zwar bedenkenswert, aber nicht bestimmend. Vernünftige Eltern fragen sich: Was ist für mein Kind oder für unsere Familie die sinnvollste Möglichkeit? Was ist in dieser Situation das Richtige? Welche Regeln und Ziele nützen meinem Kind langfristig? *Die höchste Priorität auf der Werteskala dieser Eltern hat die Frage nach den sinnvollsten Regeln und Zielen. Das langfristige Wohl des Kindes und das der Familie ist ihnen wichtiger als die momentanen Reaktionen der Kinder. Auf diese Weise wird man nicht erpreßbar.* (Hier handelt es sich um sinnorientierte Erziehung im Gegensatz zu einer reaktionsorientierten Erziehung.) Und wir wundern uns oft: Unsere muffigen Kinder werden in der Gegenwart konsequenter Menschen aufgeschlossener, aktiver, redseliger.

Folgende Fragen könnten Ihnen an dieser Stelle weiterhelfen: Sind Sie in der Begleitung Ihrer Kinder vorrangig reaktionsorientiert oder sinnorientiert? Welche Ziele und welche Werte sind für Sie im Blick auf Ihr eigenes Leben wichtig? Welche Ziele und Regeln halten Sie im Blick auf das Leben Ihrer Kinder für wichtig? Welche Regeln können Sie Ihren Kindern leicht vermitteln und mit welchen haben Sie Schwierigkeiten? Welche Hilfe bräuchten Sie, um ein sinnvolles Vorhaben trotz der Leidensmiene Ihres Kindes nicht aufgeben?

Für das Gespräch über innerfamiliäre Vereinbarungen können die praktischen Hinweise aus Gordons „Familienkonferenz“ (7) für jede Familie dienlich sein.

3.7. Wertorientiert leben und Sinnzusammenhänge benennen

Haben Sie auch Mut, jene Werte, die für Sie tragend sind, zu benennen und sich für sie zu engagieren. Junge Menschen orientieren sich sehr wohl an Erwachsenen, die ein von Werten geleitetes, authentisches Leben führen. Eine interessante Eigenübung für Eltern und Lehrer ist es, sich von Zeit zu Zeit zu überlegen, welchen Zielen und welchen Werten man selbst, in der jetzigen Lebensphase, Vorrang einräumt. Ein Beispiel: Was ist Ihnen wichtig in Ihrem Leben? Arbeiten Sie nur um Geld zu verdienen, oder ist Ihnen Ihr Beruf an sich wichtig? Was haben Sie Besonderes mit Ihren Begabungen vor? Worauf sind Sie stolz? Wie wichtig ist Wissen für Sie? Wie wichtig ist solidarisches Handeln für Sie?

Was für ein Mensch wollen Sie in zehn Jahren werden? Welche Charakterzüge wollen Sie stärken? Wofür wollen Sie sich in der Welt einsetzen?

Sie können im Gespräch mit Ihren Kindern immer wieder für das Kind verstehbare Sinnzusammenhänge herstellen, indem Sie die Motive Ihres eigenen Handelns ansprechen.

Ein Beispiel: Eine Mutter, die als Krankenschwester arbeitet, erzählt ihrem Kind von der Freude ihrer Patienten, die aufgrund medizinischer Versorgung und ihrer Pflege genesen nach Hause gegangen sind. Ein Vater, der als Lehrer arbeitet, erzählt seiner Tochter, wie schnell manche Kinder aufgrund des Schulunterrichts ein interessantes Buch zu lesen oder einen wichtigen Brief zu schreiben lernen.

3.8. Das Positive, woran Sie glauben, benennen

„Wir alle fallen... Und doch ist Einer, der dieses Fallen unendlich sanft in seinen Händen hält." So Rainer Maria Rilke. Glauben *Sie* an Gott? An das Gute in den Menschen? Daran, daß Leben gelingen kann und daß Ihre Kinder ihren eigenen Weg finden werden? Kinder haben ein Recht darauf, das, woran ihre Eltern glauben, kennenzulernen. Verraten Sie Ihren Kindern, woher Sie die Kraft zum Durchstehen schwieriger Zeiten nehmen? Was Ihnen Mut in bedrohlichen Zeiten gibt?

3.9. Ein Wir-Gefühl entwickeln

Ob Sie es wollen oder nicht, Sie bilden mit Ihren Familienangehörigen ein Team. Sie können mitbewirken, ob die Teammitglieder Mitspieler oder

Gegenspieler sind; ob jeder für sich kämpft oder sich alle für gemeinsame Ziele einsetzen. Sie können das Wir-Gefühl Ihrer Kinder stärken, indem Sie interessante Geschichten aus Ihrer Familie erzählen. Lassen Sie sie stolz auf den einen oder anderen Verwandten, auf die eine oder andere Familiengeschichte sein! Ermutigen Sie die Großeltern, ihren Enkelkindern von früheren Zeiten zu erzählen und, wenn vorhanden, alte Photographien mit interessanten Szenen zu zeigen. Sie können auch ein Familienwappen mit eigenen Familienfarben miteinander zeichnen. Und: Gemeinsam durchgestandene Krisen, gemeinsam bewältigte Mißerfolge, der Satz „miteinander schaffen wir es!" stärken auch das Teamgefühl ihrer Kinder.

Das Gefühl der Familienidentität stärkt wiederum die Selbstsicherheit der Kinder.

4 Vierter Stützpfeiler

Ein guter Mensch zu sein

Kinder sind, ebenso wie Erwachsene, auch moralische Wesen. Die langfristige Überzeugung, man wäre ein schlechter Mensch, man hätte einen schlechten Charakter, nimmt Kindern und Erwachsenen gleichermaßen die Lebenskraft. Genau diese Kraft brauchen wir jedoch für die Veränderung unserer negativen inneren oder äußeren Umstände. Menschen, die auch in moralischer Hinsicht an sich glauben, haben einen guten Schutz gegen Beziehungsabhängigkeiten und gegen Neurosen.

Sie können für die Überzeugung Ihres Kindes, es wäre ein guter Mensch, vieles tun.

4.1. Was Kinder an Gutem tun, ansprechen

Nehmen Sie wahr, was Ihr Kind an Gutem tut, und benennen Sie es auch. Damit ist nicht gemeint, daß Kinder lediglich als „brav“ wahrgenommen werden sollen. Damit ist gemeint, daß Kinder *für* jemanden etwas tun wollen. Manche Kinder lügen in der Schule, um den alkoholkranken Vater nicht zu verraten. Andere stehlen ein Bonbon, um die Lehrerin zu beschenken. Kinder wollen ihre Eltern, wenn diese traurig sind, trösten. Das eine Kind macht es geschickter, indem es den Vater liebevoll berührt. Das andere ungeschickter, indem es mit herumgeworfenen Spielsachen den Vater abzulenken versucht. Kinder versuchen auf je eigene Weise, für andere etwas zu tun. Vielleicht müssen Sie manchmal zweimal hinsehen, bis das „Gute“ in so mancher Tat zu entdecken ist. Beispielsweise, wenn Ihre Lieblingsbluse mit den schönsten Filzstiftfarben angemalt wurde. Dennoch: Wecken Sie in Ihrem Kind von Zeit zu Zeit das Gefühl, gut zu sein!

4.2. Bei den sogenannten „bösen" Kindern kleine Veränderungen benennen

Manche Kinder und Jugendliche können uns viel Ärger bereiten. Sie stören andere, sind ständig muffig, prügeln sich grundlos und kritisieren alles. Es ist gut möglich, daß ein solches Kind noch nicht genügend kommunikationsfähig ist. Weil es keine besseren Strategien besitzt, versucht es, den Kontakt mit anderen herzustellen, indem es stört. Sie werden sehen: Wenn es gelingt, die Kommunikationsfähigkeit des Kindes zu verbessern, sinkt seine Aggressionsbereitschaft. Doch in der Zwischenzeit können Sie das Kind auch stärken, indem Sie kleine Veränderungen wahrnehmen und benennen. Für manche Kinder ist es eine enorme Leistung, etwas zu unterlassen. Zum Beispiel auf störendes Verhalten gelegentlich zu verzichten.

4.3. Das Lügen von Kindern nicht als Zeichen von Bösartigkeit ansehen

Soziologische Forschungen zeigen, daß das Lügen der Kinder ein häufiges (nichtpathologisches) Phänomen ist: 1. Es zeigt, daß das Kind seine Individualität ausbildet: Ich erzähle nicht alles. 2. Manchmal ist das exzessive Lügen auch Zeichen großer Phantasiebegabung. 3. Ein anderes Mal durchschaut das Kind, daß es sich durch das Erfinden von Geschichten in eine günstige Position begibt. 4. Und natürlich ist die häufigste Ursache des Lügens die Angst. Zum Beispiel Angst vor einer Strafe. Oder Angst vor einer Situation, die als peinlich erlebt wird. Und es gibt auch die Angst vor einer Situation, in der man sich als „böse" erleben müßte (zum Beispiel, wenn allen bekannt würde, wer die schönen Blumen der Nachbarin zertreten hat). Denn, wie gesagt: Kinder wollen gut sein.

Dennoch ist es wichtig, daß Kinder und Erwachsene geradlinig bleiben. Wenn jemand Jahre lang exzessiv lügt, trainiert er sich Unwahrhaftigkeit an. Versuchen Sie demzufolge das Motiv des Kindes, das lügt, herauszufinden. Was glauben Sie, warum „mogelt" Ihre Tochter oder Ihr Sohn? Erzählen Sie, ohne daß Sie den Selbstwert des Kindes herabsetzen, wie wichtig Geradlinigkeit für das gegenseitige Vertrauen ist. Zeigen Sie Ihrem Kind, daß es es nicht nötig hat zu lügen, indem Sie für Fehler, die es eingesteht, nicht bestrafen.

Und schließlich: Sie sind auch in diesem Bereich ein Vorbild!

4.4. Geschichten über Zivilcourage erzählen

Erinnern Sie sich daran, wie gerne Sie früher Geschichten von Heldinnen und Helden anhörten? Von Märchenfiguren, die mutig gegen das Böse kämpften und sich für das Gute einsetzten? Erinnern Sie sich daran, wie Sie sich an manchen Tagen mit den Helden identifizierten? Geschichten, in denen das Gute siegt, machen Kindern Mut. Gleichzeitig bildet die Identifikation mit dem Helden die eigene Persönlichkeit. Wußten Sie, daß die Lernpsychologie vor einigen Jahren zeigen konnte, daß Kinder wie Erwachsene nur jene Menschen als Vorbilder ansehen können, deren Persönlichkeit eine Ähnlichkeit mit der eigenen Persönlichkeit aufweist? Nur jene Helden faszinieren uns folglich, deren Anlagen auch in uns schlummern. Eine ermutigende Erkenntnis! Schwierige Kinder sind fasziniert von Helden, die sich nicht immer „brav“ benehmen, die aber letztlich für andere Gutes tun. Ängstliche Kinder sind beeindruckt von zunächst verängstigten Helden, die eines Tages ihre Angst überwinden und sich für etwas Besonderes mutig einsetzen.

4.5. Kinder in Situationen bringen, in denen sie für andere etwas Liebenswürdiges tun können

Kinder sind zunächst ich-bezogen. Sie müssen erst lernen, von anderen her und für andere zu denken. Das, was unsere Großeltern zu viel taten, tun unsere Kinder oft zu wenig. In manchen Familien herrscht mittlerweile die unausgesprochene Botschaft: Du bist unser ein und alles und andere sind nichts für uns. Die Schulkameraden der Kinder werden zynisch abgewertet. Pädagogische Fehler der Lehrer mit Briefen von Rechtsanwälten beantwortet. Für schlechte Schulnoten wird die Schule zur Verantwortung gezogen. Schuld sind immer die anderen. Spaß ist, was den eigenen Kindern Spaß macht, auch wenn es auf Kosten anderer geht. Dennoch ist zu fragen: Wie soll sich das Kind auf diese Weise zu einer beziehungsfähigen, liebens-würdigen (also: der

Liebe des anderen würdigen) Person entwickeln? Meistens isolieren sich diese Kinder und sie werden als Erwachsene aggressiv, depressiv oder suchtgefährdet. Es ist ganz einfach, die kindliche Egozentrik aufzulösen: Sie bringen ihr Kind in Situationen, in denen es für andere etwas tun kann und zu tun lernt.

In welchen Situationen kann Ihr Kind etwas Liebenswürdiges für andere tun? Es kann sich um Kleinigkeiten handeln, z.B. die Großmutter zum Lachen zu bringen. Einen Autobusfahrer freundlich zu begrüßen. Die Schulkameradin im Krankenhaus mit Blumen zu überraschen. Oder der Nachbarin zum Geburtstag einen Kuchen zu bringen. Das kostet weder viel Geld noch viel Zeit. Und Sie werden sehen, Ihr Kind hat Freude daran! Natürlich können auch Sie zeigen, daß die Freude des anderen auch für Sie persönlich wichtig ist.

Ein guter Freund von mir machte vor einigen Jahren Urlaub mit seinem Sohn. Vorher verbrachte der Sohn drei Wochen Ferien in Italien, nun wollten sie miteinander noch drei Wochen in einem Wohnbus durch Griechenland reisen. Nach zwei Wochen stürzte der Vater. Er verletzte sich. Er hatte offene Wunden am Bein und einen Bänderriß. Verordnung der Ärzte: Sofortiger Rückflug nach Deutschland, um hygienische Verhältnisse herzustellen und um die Verletzung behandeln zu können. Der Vater verweigerte jedoch die Rückreise mit dem Argument, daß er den Urlaubsspaß seines Sohnes nicht verderben wolle. Auf Drängen von Mitreisenden war er lediglich bereit, mit dem Wohnbus die weite Strecke von Griechenland nach Deutschland zu fahren, damit der Sohn die Reise nicht allein beenden und seinen Spaß mindern mußte. Am Ende der Reise bot der Vater seinem Sohn, sozusagen als Entschädigung, zwei Theaterbesuche an. Man bedenke, welche Schmerzen ein Bänderriß über die kurvigen Straßen der Rückreise verursachte. Und man bedenke: Der Sohn war zu diesem Zeitpunkt 28 Jahre alt. Hier wollte offensichtlich der Vater ein guter Mensch sein. Aber was war mit dem Sohn? Was hat er dabei gelernt?

5 Fünfter Stützpfeiler

Lebensfreude und Lebenslust

Es gibt noch eine Möglichkeit, Lebenskraft zu entwikkeln: Durch die Erfahrung von Lebensfreude und Lebenslust. Durch das Erleben von heiteren, leichten, unbeschwerten Stunden. In seinem interessanten Buch „Pessimisten küßt man nicht" konnte Martin Seligman (8) zeigen, daß Menschen, die Lebensfreude ausstrahlen, anziehend und ansteckend auf andere wirken. Darüber hinaus sind sie viel eher bereit, für andere etwas zu tun, als jene Menschen, die pessimistisch denken.

Wie können Eltern ihren Kindern die Erfahrung von Lebensfreude vermitteln?

5.1. Das Staunen, das Neugierigsein fördern

Ermöglichen Sie Ihrem Kind Erlebnisse, die das Staunen, das Neugierigsein anregen! Sie können Ihrem Kind aus phantasiereichen Büchern (z.B.

aus „Harry Potter", „Die drei Fragezeichen") vorlesen oder selber Phantasiegeschichten und Rätselgeschichten erfinden. Sie können Ihrem Kind ein paar Zaubertricks zeigen oder mit ihm zu einer Zaubershow gehen. Wußten Sie, wieviel Spaß Kinder haben, wenn man ihnen zeigt, wie manche Dinge funktionieren? Zum Beispiel wodurch sich eine Mühle dreht, wie ein Magnet in Sekundenschnelle Eisenspäne ordnet und wie ein Grashalm unter dem Mikroskop aussieht? Sie werden staunen: Das Entdeckerspiel muß weder viel Geld noch viel Zeit kosten. Sie brauchen dafür nur ein wenig Phantasie. Bald werden Sie sehen, daß das Spiel nicht nur Ihre Kinder anregt, Sie werden ebenso Freude am Entdeckerleben gewinnen!

5.2. Kreativität fördern

Die Kreativität Ihrer Kinder können Sie fördern, indem Sie manchmal alle gekauften Spiele wegräumen und ihnen lediglich Materialien wie Glasperlen, Stoffreste, Pappkartons oder bunte Fäden zum Spielen geben. Oder indem Sie die Langeweile der Kinder aushalten, sie nicht unterhalten, sondern abwarten, bis sie selber kreativ werden.

5.3. Die Unfugbereitschaft der Kinder als Zeichen von Lebensvitalität ansehen

Ihre Kinder werden noch genug Zeit und genügend Gründe für ein vernünftiges Leben finden. Genießen Sie die Unbeschwertheit der Kinder, Sie werden sehen: Unbeschwertheit wirkt auch auf Erwachsene ansteckend!

5.4. Die Sinne trainieren

Sie können die Wahrnehmungsfähigkeit und dadurch die Vitalität des Kindes erhöhen, indem Sie es beim Trainieren seiner Sinne unterstützen. Zum Beispiel barfuß über eine nasse Wiese gehen, mit verbundenen Augen bekannte Gegenstände oder den Duft von Früchten erkennen lassen.
Sie können Ihrer Tochter, Ihrem Sohn auch zeigen, wie Musik die Seele erheitert. Oder Sie gehen manchmal in die Natur mit den Kindern. Im Gegensatz zum Lärm oder zu den Farben der Stadt wirken die Farben, Formen, Düfte und Stimmen der Natur auf alle Generationen seelisch stabilisierend.

Und bitte vergessen Sie es nicht: Körperliche Betätigung (Sport) macht Kinder nicht nur vital, sie unterstützt auch ihre Charakterbildung.

5.5. Die Erfahrung der Leichtigkeit ermöglichen

In welchen Situationen fühlt sich *Ihr* Kind unbeschwert oder zumindest anders als sonst? Geschieht dies beim Spielen oder beim Radfahren, im Kasperletheater, beim Basteln oder dann, wenn es mit Ihnen lauthals ein modisches Lied singt? Vielleicht dann, wenn es mit anderen Kindern spielen kann, oder dann, wenn es ganz allein mit Ihnen sein darf? Vielleicht, wenn es selbstvergessen mit sich selbst spielt? Kinder sind ganz unterschiedlich und ihre Vorlieben ebenso. Wie schön, wenn jemand das erkennt und die diesbezüglichen Erfahrungen fördert!

Fassen wir zusammen: *Die fünf Quellen, die das Selbstwertgefühl von Kindern und Erwachsenen nähren und gleichzeitig charakterbildend wirken, sind:*

- ***Positive Beziehungen***
- ***Kompetenz***
- ***Orientierung (Ziele und Werte)***
- ***Ein guter Mensch zu sein***
- ***Lebensfreude und Lebenslust***

Wenn Sie sich von Zeit zu Zeit an diese fünf Quellen erinnern, werden Ihnen immer wieder eigene, kreative Ideen dazu einfallen.

Liebe Eltern, wie Sie sehen, können Sie viel für die positive Entwicklung Ihrer Kinder tun. Sie sollten aber keine mühsamen Checklisten anfertigen. Die Fülle von Ideen soll Sie nicht belasten, sondern entlasten. Denn hinter jedem Tun steht letztlich die Einstellung, die **Sie** *zu den oben genannten fünf Bereichen haben. Wenn Sie Beziehungen schätzen, wenn Sie Einsatz für diese Welt zeigen, wenn Sie sich an bestimmten Werten orientieren, wenn Sie gelegentlich das Gute in sich selbst und in anderen Menschen wahrnehmen und wenn Sie trotz aller Schwierigkeiten auch einmal das Heitere im Leben wahrnehmen, dann werden Sie das auch vermitteln können. Ihre*

Einstellung wird in vielen unscheinbaren Zeichen sichtbar werden.

Und was ist zu tun, wenn das noch nicht der Fall sein sollte? Dann können Sie selber Mut beweisen, indem Sie Ihre eigene Einstellung in dem einen oder anderen Bereich überprüfen und eventuell korrigieren. Sie fragen, wie das gehen soll? Eine gute Möglichkeit bezieht sich auf das, was ich einen „Tag des Überflusses" nenne. Überlegen Sie sich zuerst: Wie würden Sie den Tag beginnen, wenn Sie Ihr Selbstwertgefühl im Überfluß hätten? Welche Pläne würden Sie an jenem Tag verfolgen, an dem Sie eine starke Persönlichkeit wären? Mit welchen Ritualen würden Sie den Alltag bunter gestalten? Mit welchen Fragestellungen würden Sie sich beschäftigen? Mit wem würden Sie sich treffen, und welche Gesprächsthemen würden Sie bevorzugen? Welche Musik würden Sie hören? Wie würden Sie sich bewegen, und wie wäre Ihre Mimik? Und was würden Sie unterlassen? Versuchen Sie, auf die oben genannten Fragen ganz konkrete Antworten zu geben und diese Antworten schriftlich zu fixieren. Warten Sie nicht, bis dieser Tag irgendwann eintritt, sondern nehmen Sie Ihr Leben jetzt in die Hand: Einen bestimmten Tag in der Woche gestalten Sie so, als wäre es ein Tag des Überflusses. Die Ideen dazu haben Sie ja. Sie werden sehen: Es wird gelingen!

Dieses Kapitel möchte ich mit einem Gedanken schließen, der mir besonders wichtig ist: Sie sind keine Erziehungsmaschinen. Sie sind nicht perfekt. Und Sie müssen es auch nicht sein. Ihre Eltern haben sicherlich viele Erziehungsfehler gemacht. Sie werden auch Fehler machen. Und Ihre Kinder ebenso. Ich traf in meinem Leben nur wenige Menschen, denen keine Erziehungsfehler unterlaufen sind. Das waren jene Menschen, die keine Kinder hatten.

Durch Ihre Elternschaft haben Sie den wertvollsten Beruf übernommen, den ein Mensch je übernehmen kann: es zeigt sich in der Verantwortung für das Leben junger Menschen. Sie haben diesen Beruf nicht erlernt. Deshalb ist es nur zu selbstverständlich, daß Sie sich von Zeit zu Zeit irren. Stehen Sie dazu! Stehen Sie aber nicht nur für Ihre Fehler ein, sondern auch für den Wert Ihrer Arbeit. Es lohnt sich nicht, darauf zu warten, daß die Erziehungsarbeit gesellschaftlich wieder aufgewertet wird. Indem Sie Ihre eigene Arbeit als wertvoll ansehen, werten Sie gleichzeitig den Wert aller Eltern auf.

11 Impulse für Erzieher

1. Ob Sie wollen oder nicht: Sie sind eine Führungspersönlichkeit

Wenn Sie die Elternrolle übernehmen, dann übernehmen Sie gleichsam die Führungsrolle für Ihre Kinder. Diese können Sie schrittweise erlernen.

2. Haben Sie Mut, Ihren eigenen Führungsstil zu entwickeln

Einen eigenen Stil kann man nicht nur im Bereich des Wohnens, der Kleidung oder der Sprache entwickeln. Begabte Erzieher haben einen eigenen Führungsstil. Entdecken Sie Ihren eigenen Führungsstil, indem Sie:

- auf Ihre eigene Intuition hören,
- andere Eltern beobachten und das Sinnvolle bzw. das zu Ihnen Passende übernehmen,
- Ihr eigenes Temperament auch in der Elternrolle nicht unterdrücken. Wenn Sie z.B. sanft sind, dann führen Sie sanft. Wenn Sie besonders temperamentvoll sind, dann führen Sie temperamentvoll.

Und: Geben Sie nicht vorschnell dem Rat eines angeblichen Fachmannes mehr Gewicht als Ihrer eigenen Intuition.

3. Persönlichkeiten sind wie geschliffene Edelsteine: Sie zeigen Ecken und Kanten, ohne verletzend zu wirken

Haben Sie Mut, Ihre Gedanken, Ihre Einstellungen auszusprechen und Ihre Persönlichkeit zu zeigen. Solange dies nicht auf Kosten anderer geht, gewinnen Ihre Kinder dadurch.

4. Durch Ihre Handlungen und durch Ihre Haltung hinterlassen Sie ein Vermächtnis

„Wir wirken nicht nur durch das, was wir sagen, sondern auch durch das, was wir sind" – ein weiser Spruch. Sie wirken nicht nur dadurch, was Sie lehren, sondern vielmehr dadurch, wie *Sie* eine frustrierende Situation bewältigen, in welcher Haltung *Sie* eine schwierige Lebenssituation meistern. Sie wirken durch Ihre Zivilcourage ebenso wie durch die Übernahme der Opferrolle. Und Sie wirken auch durch Ihre eigenen Überzeugungen. Haben Sie Mut, den Glauben daran zu entwickeln, daß das Leben Ihres Kindes gelingen wird und es ein besonderer Mensch wird.

Eltern, die an ihre Kinder glauben, vermitteln diesen Glauben in vielen, fast unsichtbaren, aber um so bedeutsameren Zeichen.

5. Unterscheiden Sie zwischen dem Zweck und dem Sinn Ihrer Handlungen

Eine zweckorientierte (ergebnisorientierte) Handlung zeigt sich daran, daß Sie etwas tun, *damit* Sie etwas Bestimmtes erreichen. Sie spielen zum Beispiel mit Ihren Kindern, *damit* sie nachher netter miteinander umgehen. Sie reden mit Ihrem Sohn über dessen Computer, *damit* der Sohn etwas gesprächiger wird. Aber was geschieht, wenn die Kinder einen schlechten Tag haben und trotz Ihrer Bemühungen miteinander streiten oder nur schweigen wollen? Waren Ihre Bemühungen zweckorientiert, dann geben Sie sie auf. Sie haben ja nichts erreicht.

Eine sinnorientierte Handlung bedeutet hingegen, daß Sie etwas tun, weil Sie diese Tat *an sich* für richtig, für sinnvoll halten. Unabhängig vom Ergebnis. In dieser Haltung werden Sie auch an schlechten Tagen der Kinder mit ihnen spielen und mit dem Sohn über den Computer reden. Sinnorientiert statt zweckorientiert zu handeln bedeutet, daß Sie nicht ständig auf das Ergebnis schielen müssen, weil für Sie das, was *Sie tun,* wichtig ist. Sie wissen natürlich, daß positive Konsequenzen angenehm sind. Aber Sie lassen Ihr Handeln nicht von diesen Konsequenzen bestimmen. Sie reagieren nicht, sondern Sie agieren. In Beziehungen macht zweckorientiertes Verhalten abhängig. Sinnorientiertes Verhalten macht frei. Nicht nur im Bereich der Kindererziehung, sondern auch in Partnerschaften.

6. Nehmen Sie negative Äußerungen Ihrer Kinder nicht persönlich und die Konflikte mit Ihnen gelassen

Gerade in der Vorpubertät und in der Pubertät wollen viele Kinder ganz besonders kritisch, ganz besonders „cool" wirken. Vielleicht werten sie die Tischkultur der Eltern ab, das zu kleine Auto oder das neue Kleid der Mutter. Lassen Sie sich von den „coolen" Äußerungen Ihrer Kinder nicht persönlich treffen! Kinder wollen anderen nicht schaden, Kinder wollen Mutproben. Zeigen Sie, daß Sie manche Äußerungen oder Verhaltensweisen nicht akzeptieren, aber lassen Sie Ihre eigene Stimmung nicht von den provozierenden Kommentaren oder Verhaltensweisen eines Kindes bestimmen!

Scheuen Sie sich auch nicht davor, mit Ihren Kindern Konflikte auszutragen, denn es ist auch in der Eltern-Kind-Beziehung nicht möglich, in ständiger Harmonie zu leben. Die Konfliktbewältigung zwischen Ihnen ist eine „Generalprobe" für die Konfliktbewältigung Ihrer Kinder im Erwachsenenalter.

7. Humor ist die beste Medizin gegen das Burn-Out-Syndrom der Eltern

Sie müssen das Leben mit den Kindern nicht immer ernst nehmen. Sehen Sie Ihre Kinder einmal mit dem Blick eines Kabarettisten an. Stellen Sie sich vor, Sie würden Stoff für Ihr nächstes Kabarett suchen: Ist es nicht amüsant zu sehen, wie Kinder sich um eine winzig kleine Schokolade prügeln können? Wie zwei kleine Freundinnen plötzlich zu „Todfeinden" werden und eine Stunde später seelenruhig miteinander spielen, während ihre Mütter sich die Sache noch wochenlang böse nachtragen? Ist es nicht amüsant, wie das abendliche Schlafengehen zur Dompteurarbeit der Eltern ausartet und in welchem Zeitlupentempo sich ein lang gewordener Teenager bewegt?

Den entsprechenden kabarettistischen Blick können Sie leicht trainieren, indem Sie gutes Kabarett anhören, Karikaturen sammeln oder witzige Lebensratgeber lesen (z.B.: Paul Watzlawick, Anleitung zum Unglücklichsein; oder eine CD von Bernhard Ludwig, Anleitung zum Herzinfarkt). Den entsprechenden Stoff liefern Ihre Kinder ständig. Der entsprechende Blick wird Ihnen sicherlich nicht nur im Bereich der Erziehung guttun.

8. Vertrauen Sie der Depotwirkung Ihrer Bemühungen

Haben auch Sie manchmal das Gefühl, daß all Ihre Bemühungen umsonst waren? Die beiden Söhne können ihr Besteck nicht mehr richtig halten? Die Tochter findet den schön gedeckten Tisch kitschig? Plötzlich vergessen Jugendliche alle Höflichkeitsregeln, sie haben keine Lust zum Gespräch mit Ihnen und nörgeln nur herum?

Verzweifeln Sie nicht und geben Sie das, was für Sie wichtig ist, nicht auf. Mit zunehmendem Lebensalter eines Menschen wird die Rolle der

Selbsterziehung immer wichtiger. Sie können als Erzieher vieles *tun,* aber Sie dürfen auch lernen, gelassen zu sein.

Ihre Kinder nehmen sowohl Ihre Werte als auch Ihre Bemühungen genau wahr. In vieler Hinsicht werden sie später anders leben. Aber vieles von dem, was sie wahrnahmen, wird in ihrem Gedächtnis aufbewahrt. Es ist gut möglich, daß Ihre Tochter in 10 Jahren den Tisch ebenfalls romantisch deckt und Ihr Sohn eines Tages auf das gemeinsame Abendessen besteht. Die Lust auf den Discotanz verflacht irgendwann und man erinnert sich wieder der Erlebnisse in der Natur. Gespräche der Kinder mit den Eltern werden wieder interessant, ebenso wie Unternehmungen, die den Zusammenhalt mit anderen stärken.

Eine meiner besonders lieben Freundinnen hat einen besonders schwierigen erwachsenen Sohn. Vor einigen Monaten verriet sie mir, wie sie trotz allem ihre Seelenruhe bewahre: Weißt du, – sagte sie – als Mutter versuchte ich zu tun, was möglich war. Natürlich habe ich auch Fehler gemacht, aber jetzt kann ich, zumindest nach außen hin, nichts mehr bewirken. Und dennoch: An manchen Tagen denke ich ganz besonders intensiv an ihn und schicke ihm – in Gedanken – einen Engel, damit er ihm den richtigen Weg zeigt. Ich kenne den Sohn und merke in den letzten Monaten, daß der Engel zu wirken beginnt.

9. Trösten Sie sich: Jeder Fehler Ihrerseits schwächt das B-B-B-Syndrom

Die drei Buchstaben beziehen sich auf drei Wörter: beliebt, begabt, behütet.

Es gibt Kinder, die einfach Glück haben: Sie sind unter Gleichaltrigen beliebt, vielseitig be-

gabt, und sie werden von ihren Eltern wohlwollend und verständnisvoll im Leben begleitet. Was für ein Glück, könnte man sagen. Kaum Mißerfolg, kaum Verzicht, immer Unterstützer an der Seite! Diese Menschen zehren oft bis zum dreißigsten, vierzigsten Geburtstag von ihren Ressourcen. Doch es ist gut möglich, daß sich eines Tages auch von einem „B-B-B-Mann" die Frau trennt und auch einer „B-B-B-Frau" gekündigt wird. Da B-B-B-Menschen in der Bewältigung von Mißerfolgen nicht trainiert sind, reagieren die Seelen dieser Menschen oft irrational und extrem. Jetzt erst müssen sie als Erwachsene mühsam erlernen, wie man konstruktiv mit Frustration, Ablehnung, Kritik und Einsamkeit umgeht. Eine ähnliche Situation ist für einen gleichaltrigen Kollegen vielleicht eine kräftige, aber keine unbekannte Herausforderung.

Sie müssen es natürlich nicht übertreiben. Doch vielleicht macht es Ihnen Mut zu wissen, daß unter Umständen auch Ihre Fehler das B-B-B-Syndrom Ihrer Kinder schwächt.

10. Tun Sie 10 Minuten am Tag etwas für die Verwirklichung Ihrer Träume

Kinder wollen keine Eltern, die sich für sie aufopfern. Sich aufopfernde Eltern zu sehen tut weh. Der Schmerz bleibt oft ein lebenslanger Stachel in der Seele. Das bedeutet: Sie können sich Freiräume und Lebensbereiche suchen, in denen Sie genau das tun oder nicht tun, was Ihren Anlagen, Ihren Lebensträumen entspricht. Suchen Sie Situationen auf, in denen Sie geistig und körperlich angeregt und in Ihrer Phantasie belebt werden. Überlisten Sie Ihre eigenen Ausreden: Indem Sie zehn Minuten am Tag etwas für die Verwirklichung Ihrer Träume tun, tun Sie unglaublich viel für Ihre eigene Persönlichkeitsbildung. Und Sie verfügen dann auch über interessante Gesprächsinhalte mit Ihren Kindern und mit Ihrem Partner.

So viel Zeit werden Sie sich nehmen können, oder?

Und zuletzt: Es ist auch für eine Partnerschaft unglaublich schön, wenn man wechselseitig etwas für die Verwirklichung der Träume des anderen sorgt.

11. Binden Sie Ihr Herz nicht nur an das Leben Ihrer Kinder

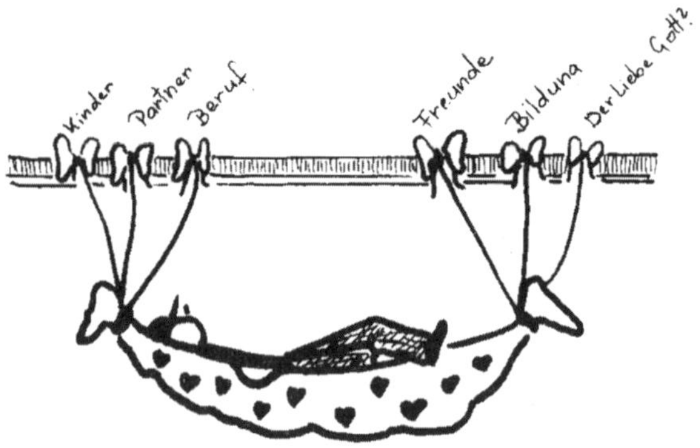

Auch wenn Kinder wichtig sind, sollten sie nicht zum einzigen Wert in Ihrem Leben werden. Sie haben ja einen Partner oder eine Partnerin. Sie haben Eltern und Freunde. Sie haben auch andere Erlebnis- und Einsatzmöglichkeiten, spannende Lebensaufgaben, oder? Da könnte man doch genauso gut aus mehreren Wertquellen leben. Die einseitige Konzentration läßt Ihr eigenes Leben verarmen und überfordert gleichzeitig das Kind.

Liebe Eltern, für diese Anregungen gilt, was meistens für alle Anregungen gilt: Sie werden nicht alles umsetzen können, weil manches nicht zu Ihrer Person oder zu Ihrer Situation paßt. Das ist so in Ordnung. Nehmen Sie aus der Fülle der Ideen das, was Sie begeistert, was Sie für richtig halten. Das ist die eine Seite. Und nehmen Sie sich auch Zeit dafür, daß Sie nichts tun, machen, verändern oder bewirken. Nehmen Sie sich also genügend Zeit dafür, daß Sie einfach nur da sind, vertrauend in diese Welt, in Ihr Kind und nicht zuletzt in sich selbst. Vielleicht erleben Sie in dieser Zeit Momente eines besonderen Grundvertrauens: die Gewißheit, daß auch das Leben Ihres Kindes gelingen wird und es in der Geborgenheit einer größeren Macht aufgehoben ist. Das ist die andere Seite.

Meine Ausführungen möchte ich mit einem Gedicht Ulrich Schäffers schließen. Es gilt, so denke ich, ganz besonders für Eltern:

Grundrechte

Du hast das Recht zu zweifeln,
zu verzagen, die Fassung zu verlieren.
Es ist kein Zeichen von Stärke, immer stark zu sein.
Es ist kein Zeichen von Schwäche,
schwach zu sein.
Wer sich nicht verunsichern läßt,
lebt wie hinter Mauern.
Das Leben erreicht ihn nicht,
und er erreicht das Leben nicht.
Weil du mitten im Leben stehst,
hast du das Recht, unsicher zu sein.
Es spricht für dich,
du bist im Werden.
Alle Antworten zu haben,
heißt meistens Antworten zu haben,
die zu keinen Fragen wirklich passen.

Das Wichtigste

1. Die 5 Stützen des gesunden Selbstwertgefühls sind:

- Positive Beziehungen
- Kompetenz
- Orientierung (Ziele und Werte)
- Ein guter Mensch zu sein
- Lebensfreude, Lebenslust

(Eine Stütze allein ist zu wenig!)

2. Positive Kommunikationsfähigkeit ermöglicht positive Beziehungen.

3. Ständiges Wohlversorgtsein macht keinen Menschen langfristig glücklich.

4. Manche Kinder sind „Denktypen", andere „Handlungstypen" und wieder andere „Gefühlstypen".

5. Das überzogene Bedürfnis nach Zuwendung ist meistens ein Zeichen dafür, daß die Lebensmöglichkeiten im Rahmen der übrigen vier Säulen unterwertig gelebt werden.

6. Erst nach einer kräftigen (anstrengenden) Herausforderung erlebt man das besondere Gefühl des Könnens.

7. Gemeinsame Projekte schaffen ein „Wir-Gefühl".

8. Das lösungsorientierte Denken belebt Eltern und Kinder.

9. Haben Sie Mut, Ihre Werte zu benennen und sie zu leben.

10. Erfreuliche Rituale schenken Halt und Lebenslust.

11. Unterscheiden Sie zwischen sinnorientierter und reaktionsorientierter Erziehung.

12. Bringen Sie Ihr Kind in Situationen, in denen es für andere Gutes tun kann.

13. Haben Sie Mut zu Fehlern.

14. Tun sie 10 Minuten lang am Tag etwas für die Verwirklichung Ihrer Träume.

Und: Nehmen Sie sich viel Zeit, ohne Erziehungssorgen einfach nur da zu sein!

Anmerkungen

(1) Grawe, K.: Psychologische Therapie. Hogrefe Verlag, 1998.
(2) Schenk-Danzinger, L.: Entwicklungspsychologie. Österr. Bundesverlag, 1998.
(3) Frankl, V.: Logotherapie und Existenzanalyse. Piper Verlag, 1987.
(4) Friedemann, D. / Fritz, K.: Wer bin ich, wer bist du? Deutscher Taschenbuch Verlag, 1999.
(5) Csikszentmihalyi, M.: Flow. Das Geheimnis des Glücks. Klett-Cotta Verlag, 1993.
(6) Grün, A.: Geborgenheit finden / Rituale feiern. Kreuz Verlag, 1997.
(7) Gordon, T: Die neue Familienkonferenz. Heyne 1994.
(8) Seligman, M.: Pessimisten küßt man nicht. Optimismus kann man lernen. Droemer Verlag, 2001.

Literatur

Csikszentmihalyi, M.: Flow. Das Geheimnis des Glücks. Klett-Cotta Verlag, 1993.

Frankl, V.: Das Leiden am sinnlosen Leben. Herder Verlag, 1983.

Friedmann, D. / Fritz, K.: Wer bin ich, wer bist du? Deutscher Taschenbuch Verlag, 1999.

Fromm, E.: Die Kunst des Liebens. Deutscher Taschenbuch Verlag, 2001.

Gordon, T.: Die neue Familienkonferenz. Heyne 1994.

Grawe, K.: Psychologische Therapie. Hogrefe Verlag, 1998.

Greenfeld, S.: Reiseführer Gehirn. Spektrum akademischer Verlag, 1999.

Grün, A.: Geborgenheit finden / Rituale feiern. Kreuz Verlag, 1997.
Guttmann, G.: Lehrbuch der Neurophysiologie. Hans Huber Verlag, 1982.
Hadinger, B.: Sicherheit und Motivation im Wertewandel. Vortrag an der Universität Graz, 1999.
Kurz, W.: Suche nach Sinn. Stephans-Buchhandlung, 1991.
Kurz, W. / Hadinger, B.: Sinnvoll leben lernen. Verlag Lebenskunst, 1999.
Ludwig, B.: Anleitung zum Herzinfarkt. (CD)
Peseschkian, N.: Wenn du willst, was du noch nie gehabt hast, dann tu, was du noch nie getan hast. Herder Verlag, 2002.
Schenk-Danzinger L.: Entwicklungspsychologie. Österr. Bundesverlag, 1988.
Seligman, M.: Erlernte Hilflosigkeit. Urban & Schwarzenberg, 1983.
Seligman, M.: Seligman, M.: Pessimisten küßt man nicht. Optimismus kann man lernen. Droemer Verlag, 2001.
Sprenger, R.: Mythos Motivation. Campus Verlag, 1995.
Watzlawick, P.: Anleitung zum Unglücklichsein. Piper, 24. Aufl. 2002.

Die Autorin

Dr. Boglarka Hadinger ist Diplompsychologin, Psychotherapeutin und fachliche Leiterin des Instituts für Logotherapie und Existenzanalyse Tübingen/Wien. Die international bekannte Referentin hält Vorträge und Seminare u.a. in Österreich, Deutschland, Spanien und in der Schweiz.

Weitere Vortragsthemen der Autorin:

Armes Opfer oder faszinierende Frau? Ein Seminar zur Persönlichkeitsbildung.

Ich sollte weg und schaffe es nicht! Wege aus der Beziehungsabhängigkeit.

Wie Lebenskrisen zu Lebenschancen werden.

Streßbewältigung durch Persönlichkeitsbildung.

Lebensübergänge. Die Sinnfrage in der zweiten Lebenshälfte.

Ja zum Leben sagen? Die Sinnfrage braucht eine Antwort.

Stil des Lebens. Wie unsere Lebensphilosophie unseren Lebensstil bestimmt.